EL DESPERTAR

7 SECRETOS

ERES UN DIAMANTE Y VINISTE A BRILLAR

EL DESPERTAR

SECRETOS

ERES UN DIAMANTE Y VINISTE A BRILLAR

RICARD SALA - LAURA CORTADA

Nota a los lectores: Esta publicación contiene las opiniones e ideas de su autor. Su intención es ofrecer material útil e informativo sobre el tema tratado. Las estrategias señaladas en este libro pueden no ser apropiadas para todos los individuos y no se garantiza que produzca ningún resultado en particular. Este libro se vende bajo el supuesto de que ni el autor, ni el editor, ni la imprenta se dedican a prestar asesoría o servicios profesionales legales, financieros, de contaduría, psicología u otros. El lector deberá consultar a un profesional capacitado antes de adoptar las sugerencias de este, la integridad de la información o referencias incluidas aquí. Tanto el autor, como el editor, la imprenta y todas las partes implicadas en el diseño de portada y distribución, niegan específicamente cualquier responsabilidad por obligaciones, pérdidas o riesgos, personales o de otro tipo, en que se incurra como consecuencia, directa o indirecta, del uso y aplicación de cualquier contenido del libro.

Este libro no podrá ser reproducido, ni total ni parcialmente, sin previo permiso escrito del autor. Todos los derechos reservados.

Título: *El despertar*

© 2019, Ricard Sala & Laura Cortada

Autoedición y Diseño: 2019, Romeo Ediciones

Primera edición: octubre de 2019

ISBN-13: 978-84-18098-07-9

Depósito legal:

La publicación de esta obra puede estar sujeta a futuras correcciones y ampliaciones por parte del autor, así como son de su responsabilidad las opiniones que en ella se exponen.

Quedan prohibidas, dentro de los límites establecidos por la ley y bajo las prevenciones legalmente previstas, la reproducción total o parcial de esta obra por cualquier medio o procedimiento, ya sea electrónico o mecánico, el tratamiento informático, el alquiler o cualquier forma de cesión de la obra sin autorización escrita de los titulares de copyright.

Mi nombre es RICARD SALA RIBE

¡Y ESTOY AQUÍ PARA ELEVAR TU VIDA AL SIGUIENTE NIVEL!

Este libro no es un libro para nada convencional, es un libro que no te dejara indiferente. Si eres una persona sensible, seguramente solo con coger el libro, habrás sentido una vibración especial en tus manos. Es un libro que he escrito para ti, para ayudarte a mejorar tu vida con lo que yo he ido aprendiendo a lo largo de mi vida, para poderte ayudar a tener una vida realmente exitosa. Tengo que decirte que escribir este libro para mí es una gran satisfacción, ya que me ha costado mucho tiempo e inversión aprender lo que he aprendido.

Yo provengo de una familia humilde en la que éramos muchos en casa. Somos cuatro hermanos y, de pequeño, teníamos los tres abuelos también en casa. Eran mayores y no estaban bien de salud, pasaron muchos años en la cama sin prácticamente poderse mover. Mi madre cuidaba de los cuatro hijos y de los tres abuelos, que no era tarea fácil ya que todos necesitábamos atención. Ella se encargaba de cocinar, limpiarnos la ropa, mantener la casa en orden, a parte de las curas y atención que necesitaban mis abuelos, que no eran pocas debidas a su estado de salud. Por lo cual no podía tener un empleo porque la situación no se lo permitía. En consecuencia, mi padre no estaba mucho tiempo en casa, ya que tenía mucho trabajo para poder sacarnos a todos adelante. Dedicaba cada día mucho esfuerzo y tiempo en trabajar para poder generar dinero para que no nos faltara de nada. Aun trabajando todo lo que podía, nunca nos pudieron dar muchos caprichos, ni muchos regalos ya que tenía muchas bocas que alimentar, cosa que les voy a agradecer toda la vida a mis padres. El esfuerzo que pusieron en criarnos a todos lo mejor que pudieron y el esfuerzo que les implico.

Bajo esta serie de circunstancias, yo junto a mis hermanos, comprendimos la situación que teníamos en casa y por intentar ayudar a mis padres de aminorar esta carga que tenían, nos pusimos en el mundo laboral en una edad muy temprana abandonando los estudios. Yo tenía catorce años y me dediqué, junto a mis hermanos, a trabajar con mi padre en el mundo de la construcción, cuya faena no era nada fácil y requería esfuerzo. Con el paso del tiempo, mis abuelos ya fueron falleciendo debido a la edad y al estado de salud.

Después de pasar por todo esto, cuando ya llevábamos unos años trabajando, nos salió una gran oportunidad cuando unas abogadas nos contrataron para la construcción de un bloque entero de pisos. Cada día teníamos una hora y media de ida y lo mismo de vuelta. Dedicamos en el bloque mucho tiempo todos mis hermanos y yo junto a mi padre y mucho dinero invertido, tuvimos que contratar varias personas, para ventanas, pintores, electricistas etc... Pero valía la pena toda la inversión y esfuerzo, era la oportunidad para ganar mucho dinero, pero las abogadas para las que estábamos trabajando nos estafaron por una cantidad enorme de dinero haciendo un bloque entero de pisos gratis para ellas.

Esto nos llevó a un embargo de todo lo que teníamos, de la noche a la mañana nos veíamos sin nada, lo perdimos todo. Cuando ya parecía que estábamos, toda la familia, en lo peor de nuestras vidas, justo un día antes de que nos quitaran ya la casa, todos los terrenos y todo lo que teníamos apareció un comprador. Vendimos la casa y los terrenos por lo que pudimos hacer frente a las deudas que teníamos. Tuvimos la oportunidad de empezar otra vez de cero, pero sin nada.

Te narro todo esto por contarte el motivo por el que no me pude formar más o mejor, como hubiera querido. Me quedé con los estudios básicos ya que no realicé ni el bachillerato y, mucho menos, la universidad. Todo lo que yo he aprendido me lo he tenido que ganar, muchas de las cosas que sé ya las sabía de nacimiento. Nací con el don de conectar con mi fuente de energía y suerte tuve de ello, ya que obtenía muchas de las cosas que mis padres no me podían dar. Pero hay cosas que no se aprenden de la nada, debes aprender y, para ello, he tenido que combinar el trabajo con leer libros, hacer cursos y aprender técnicas que no conocía o perfeccionándolas.

Te cuento todo esto para que sepas que yo nunca me he rendido, pese a las dificultades y no tener estudios, he conseguido publicar este libro, estoy dando cursos, ayudando a las personas. Estoy haciendo mi sueño realidad, pese a las adversidades que he tenido, estoy cumpliendo mi sueño, aun con gente a mi alrededor que me decían "¿sin estudios cómo vas a escribir un libro?". Me decían "¿estás loco?". Gente que me ha querido limitar intentando convencerme que no hiciera los cursos porque les parecía que todo era una auténtica locura. Pero a pesar de todo esto, lo he logrado.

Me llena de orgullo poder compartir contigo todo lo que sé para que te sea más fácil poder cumplir todos tus sueños y metas. Este libro está creado en base una recopilación de lo que yo he ido leyendo y escuchando al largo de mi vida, de tal manera que todo el mundo lo pueda entender de la mejor forma posible, que es en la forma como yo lo aprendí.

Seguramente a lo largo de este libro leerás muchas cosas que te harán pensar mucho y reflexionar en tu forma de vida. De la misma manera que, en su día, me ocurrió a mí mismo. Este libro es para mejorar los aspectos de tu vida que no te hacen realmente feliz, para que puedas lograr ser la persona que has soñado ser desde que eras pequeño y poder sacar todas las limitaciones que ahora mismo tienes en tu mente, que al leer el libro, descubrirás cuales son estoy seguro. También sé que muchas de las cosas que leerás en él te harán descubrir alguna parte de ti que no sabías que tenías o cosas en ti que se van a despertar.

GRACIAS, GRACIAS, GRACIAS por comprar este libro y dejarme ser tu guía en tu vida.

Te invito a que entres en mis páginas de YouTube, Facebook, Instagram o en mi página web:

www.7secretosricardsala.com

Te invito a que veas mis vídeos, que seguro te serán de gran ayuda, como también te pueden ayudar a complementar este libro. También encontrarás testimonios y gente maravillosa para ayudarte en lo que necesites.

Me complacería muchísimo ayudarte en tu camino de transformación, para eso mejor entra y suscríbete, y si activas la campanita recibirás aviso de todo el nuevo contenido que colgaremos en el futuro. Si has decidido empezar el camino a la transformación, no estarás solo, aquí estaremos para ayudarnos entre todos a seguir mejorando a diario.

Ahora quiero que, para empezar el cambio, te hagas una foto con el libro y lo cuelgues en todas las redes sociales y las de *7 secretos* con la frase de:

"ESTOY LISTO PARA TRANSFORMARME EN UN DIAMANTE, PORQUE SOY INVENCIBLE".

Quiero darte las gracias más sinceras porque si estás leyendo este libro es porque has confiado en mí para transformar tu vida y me tienes como un guía para ello.

Por ese motivo me llena de orgullo poderte ayudar.

Estás a punto de empezar un gran cambio, y a un paso de despertar. Estoy seguro que este libro te dará que pensar y hará que descubras en ti mismo cosas que aun desconocías.

Este libro, estoy casi seguro, que lo vas a leer y releer, y que será un buen detonante para elevar tu vida a un nivel más alto. Te ayudará a encontrar felicidad y mejorar muchos aspectos en tu vida.

Si mi libro, al leerlo, te está sirviendo de ayuda, te agradecería que lo compartas en todas tus redes sociales y en las de *7 secretos*, así podremos ayudar a más personas entre todos.

Código QR para YouTube

Código QR para Facebook

Código QR Página web

Código QR para Instagram

AGREDECIMIENTOS:

En primer lugar, agradezco a mis padres Joan y Eugenia, por darme la vida, por todo lo que han luchado para que yo esté bien siempre. A mi padre por no parar nunca de trabajar, ya que tenía que mantener a una familia numerosa y se perdió muchos momentos de nuestra infancia, pero siempre intentaba darnos el máximo de amor que podía. Gracias.

También a mi madre por todo el amor que me dio, ya que ella siempre estaba con una sonrisa en la cara para que nosotros pudiéramos estar al máximo de felices y tener una vida normal, siempre estuviste a mi lado y siempre confiaste en mí. Gracias.

También tengo que agradecer muchísimo a mi mujer, Laura, porque sin ella yo no sería el mismo, ya que ella siempre me está ayudando y apoyando en todos los aspectos de mi vida, incluso para hacer este libro. Eres un ángel caído del cielo, te quiero mucho, no puedo tener una mejor compañera de viaje. Gracias.

A mis hijas, Èrika y Kiara, por el amor que me dan y por ser mi motor para seguir con más fuerza, luchando por cambiar el mundo y dejarles un mundo mejor. Gracias.

También tengo que agradecer a mis hermanos por todos los momentos tan felices, ya que siempre teníamos algo que hacer para pasarlo bien, a mi tía Anita y mis primas, sobre todo, a mi prima Carmen, ya que siempre intentó unir las familias para estar siempre juntos. Gracias.

A mi hermano Joel porque siempre hemos estado juntos por todo y siempre has estado a mi lado para lo que me haga falta. Gracias.

También quería mencionar a mis suegros Ramón y Tere porque me han ayudado siempre, desde que los conozco, en todo lo que he necesitado. Gracias.

También a mis abuelos, *padrí* y *padrina* (padrino y madrina) y a mi *iaia* (yaya), ellos nos querían mucho y siempre estaban allí para lo que nos hiciera falta. Ya no estáis en este plano físico, pero ahora formáis parte de mi fuente de energía. Millones de gracias.

A mis amigos, de los que no pondré los nombres porque no terminaría de escribir, pero ya sabéis quienes sois. También agradecer todas las personas de otras partes del mundo que me apoyaron y confiaron en mí siempre. Gracias.

Alessandra Zuddas, muchas gracias por la página web, eres increíble, rápida y logras unos resultados espléndidos. También agradezco a mi prima, Núria Guirao, por los logotipos, gracias a ti empezó el diseño de 7 secretos. Gracias.

También tengo que darte las gracias a ti, por tener este libro en tus manos y confiar en mí para ser tu guía en la transformación de tu vida, y elevarla a un siguiente nivel.

Millones de gracias, gracias, gracias.

ÍNDICE

QUIÉN SOY YO: 19
SACAR LA BASURA 25
VICTIVISMO 51
NO CRITICAR 69
SUPERACIÓN PERSONAL 83
FIJAR UNA META 95
LAS SIETE LEYES UNIVERSALES 111
   La segunda ley es la Ley de la
   correspondencia. .123
   La tercera ley es la Ley de la vibración 133
   La cuarta ley es la Ley polaridad 143
   La quinta ley es la Ley del ritmo. 151
   La sexta ley es la Ley causa y efecto. 159
   La séptima ley es la Ley generación o género 171
DESCUBRE TU CEREBRO 189
CREA TU ANCLAJE 201
LA FE Y LAS CREENCIAS. 207
SACA TU MEJOR VERSIÓN 219
CONECTA CON TU FUENTE 235
DE ENERGÍA. 235

QUIÉN SOY YO:

Mi nombre es RICARD SALA RIBÉ y, desde que era muy pequeño, mi sueño era ayudar a millones de personas en el mundo.

Os contare un poco más de mí, soy una persona muy alegre y de aquí viene mi facilidad para conectar con mi fuente de energía desde los siete años de edad.

Es una técnica que no estudié en ninguna parte, ni creo que nadie en el mundo la enseñe y es lo que me hace único. Vivo mi sueño hecho realidad desde hace muchos años, desde muy pequeño comprendí que todas las personas del mundo podían conectar de nuevo con su fuente de energía. Yo soy un experto en este campo y hacer que las personas conecten con su fuente de energía y os contaré cómo hacerlo en este libro que escribo para poder ayudaros a todos. Y también para cumplir mi sueño que es el de ayudar a toda la gente que pueda en este mundo.

Os contaré un poco más sobre mí, todo empezó cuando era muy pequeño, cuando, por primera vez, practiqué un viaje astral no controlado. Desde ese mismo momento comprendí que en nuestro mundo había muchas cosas más que no podíamos ver. Pues ya me ves a mí con siete años, con un lío mental y estimulándome al máximo para que pudiera ver cosas que yo sabía que sí estaban.

Empecé a preguntar a mis padres, ya que ellos creían en estas cosas porque mi abuelo tenía el don de cortar hemorragias a las personas.

Después de todo esto empecé a tener sueños de cosas que pasaban como:

Embarazos,
muertes,
cosas que causaban un impacto emocional.

A causa de todo esto, comportó muchos problemas a mi familia, pues yo no era un niño normal. Y menos a la vista de mi colegio, ya que mis profesores creían que yo tenía una discapacidad mental. La verdad es que solo tenía mucho miedo y estaba asustado por todas las cosas que me pasaban.

Yo me enteraba de todo lo que estaba pasando mi familia, un día incluso me hicieron pasar unas pruebas en un sitio especializado de niños. Solo con ver aquel edificio desgastado y sucio del humo de los coches, ya me asusté. Al entrar dentro todo era viejo, con un aspecto muy poco agradable, y yo estaba allí tocando unos colores y jugando solo con cosas que no entendía muy bien, porque no había más niños. Ni tampoco entendí que estaba haciendo yo allí. Pasé unos años muy malos, por suerte mis padres confiaron en mí y no me metieron en ningún colegio especial como les habían dicho los profesores de la escuela.

Después de estos años que pasé, tan difíciles con todo este tema, un día, jugando en el parque del pueblo de mi madre con uno de mis hermanos, de repente empecé a ver con los ojos de mi hermano, el mayor de todos (somos cuatro), que estaba a cuarenta y cinco kilómetros de donde yo estaba. Pudiendo sentir en mi piel y ver el mismo sitio donde él se encontraba. Sentí como lo apuñalaban unos delincuentes a la altura de las costillas, sentí mucho miedo y podía ver lo que él veía en aquellos duros momentos. También captaba sus pensamientos que eran de tirarse por el puente donde estaba del miedo que tenía en aquel momento. Fue entonces cuando mi hermano Joel me pregunto qué me estaba pasando y le dije que a nuestro hermano mayor lo acababan de apuñalar y nos fuimos corriendo a casa. En el mismo momento que entrábamos por la puerta, la policía acababa de llamar a mis padres contándoles lo sucedido y que ya estaba camino del hospital.

Por suerte todo acabó bien y se recuperó.

¿Cómo podía ser que un niño como yo pudiera ver todas estas cosas?

Con mi primer viaje astral, como ya he dicho antes, me asusté mucho y mis padres tenían un contacto con una mujer que curaba las personas con tan solo mirarlas. Ella me miró y me dijo que tenía algo muy especial y me enseñó como curar a las personas a distancia.

Los ejercicios eran fáciles, solo tenía que usar mis manos para e enviar energía de color blanca. Lo sorprendente fue en la primera persona que practique estos ejercicios, era una mujer que llevaba doce años en cama con una depresión de caballo. En el momento que practiqué y le envié la energía blanca, noté que podía captar su inquietud y poder captar sus sentimientos pudiendo modificarlos.

Entonces, con tan solo once años, entendí el mundo espiritual. En muy poco tiempo empecé a controlar mis sueños y ya soñaba lo que yo quería, unos de mis sueños que más me impactó fue que yo estaba en un monte delante del árbol de la vida, ese árbol era el más grande y más bonito que había visto en mi vida, pero lo más sorprendente fue que podía sentir el aire en mi cara y a tener tacto en las manos. Fue en aquel momento en el que me quedé alucinando tocándome la cara, entonces miré hacia el frente y contemplé ese árbol tan bonito y disfrutando de aquel magnífico momento, notando el aire correr por mi cara.

Ya eran muchas cosas las que me habían pasado en muy poco tiempo, y aquí comenzó todo empecé a dominar la ley de la atracción y, con ella, a conseguir las cosas sin que me costara nada. Con catorce años mis padres consiguieron reunir algo de dinero y me compraron una moto y eso sin pedirles que me la compraran, me llegaban las cosas sin pedirlas y no solo era eso, sino muchas cosas más.

Era un niño un poco conflictivo, pero me gustaba mucho ayudar a las personas, entonces descubrí una de las leyes universales:

LA LEY DE AYUDAR A LAS PERSONAS.

Esta es una ley de las más potentes que he visto yo, si tú ayudas a las personas de corazón, el universo, Dios, Buda o como tú le quieras llamarlo, te ayudará a que tengas una mejor vida. Pero la clave está en ayudar de corazón, sin esperar nada a cambio, más adelante os contaré cómo hacer todo esto y entonces serás recompensado por hacer un acto de buena FE.

¡Si has comprado este libro y estás leyendo es porque realmente quieres un gran cambio en tu vida, ese cambio que nadie, nadie, nadie aún ha conseguido que logres! Como ya te conté, lograré que en siete días conectes tu alma y tu fuente de energía, ¡y tu fuente de energía será la que conectará con el universo para que puedas lograr todo lo que te propongas!

Para llegar a conseguir conectar bien con tu fuente de energía hay unas pautas a seguir, para estar 100 % bien con el universo, a lo largo del libro os iré descubriendo como TÚ, al igual que yo, lo puedes lograr.

¿Empezamos?

SACAR LA BASURA

SACAR LA BASURA

"Deja ir a personas que solo llegan para compartir quejas, problemas, historias desastrosas, miedo y juicio de los demás.

Si alguien busca un cubo para echar la basura, procura que no sea en tu mente".

Dalai Lama

¿Te ves como un vertedero?

NO, ¿¿VERDAD??

Pues no permitas que nadie eche su basura en ti. No dejes que sus miedos, preocupaciones o problemas se apoderen de ti hasta el punto de hacerlos tuyos. Aléjate de la gente tóxica y de todo aquel o aquella cosa que no te interesa tener en tu vida. Eres una flor y no puedes rodearte de malas hierbas, piensa siempre que **TÚ** eres el piloto de tu vida, tú eres el que decide por qué camino andar. A partir de ahora la persona más importante, primeramente, en tu vida eres TÚ.

No te dejes caer, toma las riendas de tu vida, sin excusas, sin miedos. Es ahora o nunca el momento de luchar por ti y sacar tu diamante.

EL DIAMANTE ES UNA ROCA SOMETIDA A MUCHA PRESIÓN Y ESTA CAMBIA LA QUÍMICA DE LA ROCA TRANSFORMANDOLA EN UNA PIEDRA PRECIOSA.

El dolor es la presión que pule nuestro diamante. No te asustes por la presión que puedas tener ahora mismo, piensa que algo bueno está por llegar, abraza el dolor y empieza a pulir tu diamante para ser tu mejor versión.

La vida no es fácil pero no debes dejarte caer. Todos sabemos que tu alrededor a veces te hunde, o que las personas de nuestro entorno a veces nos limitan, pero tú debes ser **como el bambú**.

"Lo débil y lo tierno vencen lo duro y lo fuerte".

Lao Tsé

Se refería a que hay momentos en los que necesitamos la fortaleza del bambú para enfrentar los ataques de quienes nos rodean. El bambú es lo suficientemente flexible como para plegarse ante el viento, una flexibilidad que le permite sufrir menos daños que un árbol de tronco firme, pero, a la vez, esa flexibilidad le permite coger fuerza después de que ha sido doblado para volver a su posición original.

Este símil destaca la importancia de desarrollar la fuerza interior y la resiliencia, nuestra capacidad para salir fortalecidos de la adversidad e incluso usar los ataques de los otros a nuestro favor. A veces replegarnos no es malo ni es señal de debilidad, sino que nos permite tomarnos el tiempo que necesitamos para reflexionar y responder con la fuerza que radica en la serenidad.

Vamos a empezar a pensar en personas que no te aportan nada en tu vida, en resumen, personas tóxicas que te limitan. A partir de ahora estás empezando un cambio, el cambio definitivo.

"Las personas tóxicas se adhieren como bloques de cemento atados a los tobillos, y luego te invitan a nadar en sus aguas envenenadas".

John Mark Green

SACAR LA BASURA

Insisto, es muy importante que no permitas que la gente tóxica invada tu vida. Son personas que no han madurado en su campo de las emociones correctamente, gente insegura de sí mismos, egoístas que solo piensan en su propio ser y conveniencias. Son personas que solo necesitan estar cerca de ti para entablar una relación absorbente, para poder descargar sus frustraciones y así solo terminarás por sentirte frustrado estresado y pesimista.

¡Actúa ahora y saca toda esta gente de tu vida YA!, piensa que es tu felicidad y tienes que luchar por ella, vamos a por el diamante que deseas ser. TE LO MERECES.

Ahora visualiza un campo lleno de flores y malas hierbas. Vale, ¿lo tienes en la mente?

Arranca todas las malas hierbas que veas en el campo y vuelve a visualizar el campo sin las malas hierbas, que sin ellas, ha podido crecer con todo su esplendor.

Las flores serían tu persona y la gente que merece la pena tener en tu vida, las malas hierbas serían todas aquellas personas que, por el contrario, no te conviene tener a tu lado y debes ir apartando de tu vida.

¿No te das cuenta, al visualizar los dos campos, cuál de ellos es más bonito y, por tanto, luce mejor?

¿Qué campo quieres que sea tu vida?

Lo sé, puede que no sea fácil apartarte de algunas personas, pero llego la hora de pensar en ti y en poder crecer y poder ser ese diamante que quieres y mereces ser. Aparca a un lado todo aquello que te impida llegar a lo que tú quieres llegar, más adelante te darás cuenta de quién te conviene y quién no. No será fácil pero el esfuerzo merecerá la pena.

Establecer márgenes, obstáculos, para no dejar pasar a la gente tóxica. Apartar las cosas y las personas que no nos aportan nada bueno. Ser consciente de aquello que te resta y eliminarlo de tu vida, hay personas que quitan tiempo e ilusión y nos van desgastando en nuestro día a día. Hay que construir el mejor 'yo' con disciplina, con contundencia, con trabajo y con esfuerzo. Al final, cada persona decide lo que hacer. **Hay personas que desean ser salvadas y otras no.**

Si no establecemos nosotros mismos los márgenes y límites, alguien vendrá y los establecerá por nosotros.

Debemos aprender a decir no, a mirar por nosotros y a valorar nuestro tiempo y decidir en qué lo invertimos. Si aceptas todo lo que te pide tu entorno no eres tú mismo, por consecuencia, no evolucionas y no vas a poder crecer personalmente.

Soy consciente que a todos nos gusta ser buenas personas y complacer a los demás, así que a veces resulta más fácil decir "sí", pero debes saber que también es imposible gustar a todo el mundo. También debes saber que debes sacar tiempo para ti, para tus cosas, para estar bien contigo mismo y poder así, por consecuencia, ayudar a los demás.

Recuerdo ahora mismo lo que dice la azafata cuando coges un avión en caso de accidente:

"Si viaja con niños póngase usted la mascarilla de oxígeno primero y después atienda al niño".

¿Por qué? Porque si no te pones tú primero la mascarilla no vas a ser capaz de atenderle a él.

Primero debes atenderte a ti mismo para poder atender al resto.

Decir "no" a algo que te pidan en algún momento de tu vida te permite decir "sí" a otras cosas que seguramente serán de tu mayor interés o de más necesidad para ti. Por el contrario que piensas ahora, decir "no" a algo es valorar tu tiempo y, sobre todo, a ti mismo. Y los demás, por consecuencia, también lo valorarán.

No inventes ya más excusas, si algo no lo quieres, simplemente di "no", no tienes por qué dar explicaciones. El dueño de tu vida y tu tiempo eres tú, y lo dedicarás a lo que tú quie-

ras o te apetezca en el momento que tú quieras. No debes justificarte de nada, simplemente debes ser firme con tus decisiones.

Tienes todo el derecho a decir "no", si por decir "no" a alguna situación alguien se enfada por ello, el problema lo tiene él y no tú. A lo mejor te supones que se enfadarán y realmente eso no sucede, te contaré una pequeña anécdota:

Hace unos días fui a comer a casa mi madre, ella se pasó toda la mañana cocinando para nosotros y me hizo mi plato favorito. Aquel día llegaba de la playa y ya habíamos comido algo allí, al terminarme el primer plato me ofreció el segundo, pero en realidad estaba lleno.

¿Tú qué harías?

Te lo comerías, ¿no?

Le dije a mi madre "Muchísimas gracias, pero es que estoy llenísimo, en verdad, no puedo más".

Y ahora viene cuando mi madre se enfada, ¿verdad?

Mi madre respondió "No pasa nada, cariño, te lo envuelvo y te lo llevas a casa, te lo puedes comer mañana".

La gente no siempre va a reaccionar mal porque les digas un "no", al contrario, saber lo que quieres y valorar tu tiempo es una cosa que todo el mundo tendría que tener como preferencia y no tiene que traer, por tanto, ninguna consecuencia mala.

Como ya te he dicho antes, si alguien se enfada el problema es suyo y no tuyo. Verás un ejemplo en una antigua fábula que leí:

Cerca de Tokio vivía un gran samurái, ya anciano, que se dedicaba a enseñar a los jóvenes. A pesar de su edad, corría la leyenda de que todavía era capaz de derrotar a cualquier adversario.

Cierta tarde, un guerrero, conocido por su total falta de escrúpulos, apareció por allá. Era famoso por utilizar la técnica de la provocación: esperaba a que su adversario hiciera el primer movimiento y, dotado de una inteligencia privilegiada para reparar en los errores cometidos, contraatacaba con velocidad fulminante. El joven e impaciente guerrero jamás había perdido una lucha. Conociendo la reputación del samurái, fue en su busca para derrotarlo y aumentar su fama. Todos los estudiantes del samurái se manifestaron en contra de la idea, pero el viejo acepto el desafío.

Juntos se dirigieron a la plaza de la ciudad donde el joven comenzó a insultar al anciano maestro. Arrojó algunas piedras en su dirección, le escupió en la cara, le gritó todos los insultos conocidos, ofendiendo incluso a sus antepasados. Durante horas hizo todo lo posible para provocarle, pero el viejo permaneció impasible. Al final de la tarde, sintiéndose ya exhausto y humillado, el impetuoso guerrero se retiró.

Desilusionados por el hecho de que el maestro aceptara tantos insultos y provocaciones, los alumnos le preguntaron:

—¿Cómo pudiste, maestro, soportar tanta indignidad?

—¿Por qué no usaste tu espada aun sabiendo que podías perder la lucha, en vez de mostrarte cobarde delante de todos nosotros?

El maestro les pregunto:

—Si alguien llega hasta ustedes con un regalo y ustedes no lo aceptan, ¿a quién pertenece el obsequio?

—A quién intento entregarlo —respondió uno de los alumnos.

—Lo mismo vale para la envidia, la rabia y los insultos —dijo el maestro.

—Cuando no se aceptan, continúan perteneciendo a quien los llevaba consigo.

La conclusión es que, si alguien se enfada contigo por algo, como ya te he dicho antes, el enfado es suyo y no tuyo. No te responsabilices de los actos, situaciones o comportamientos de las personas ajenas.

El "no" es necesario y debemos aprender a decirlo sin miedo, a decirlo en paz.

A todas estas personas que no te aportan nada en tu vida, no les cuentes tus sueños y tus metas porque esta gente siempre te dirá que no puedes, que no debes y un sinfín de cosas que acabaran por frustrarte y con ello todos tus propósitos. Es por este motivo que se les llama gente tóxica, porque son los que te limitan en tu vida y en tu día a día sin darte cuenta. A lo mejor no lo hacen con maldad, pero su mente es más limitada y te limitan a ti sin ni siquiera ellos saberlo o quererlo.

Muchas de estas personas, ya te lo digo yo, que no lo hacen con maldad, simplemente son tóxicos inconscientemente. Viven felizmente inconscientes del daño que pueden llegar a provocar en el resto de personas, no actúan con maldad, no son malos, pero hablan según sus miedos y limitaciones y, por consecuencia te llevaran a limitarte a ti.

Hay gente que en su vida ha intentado, sin éxito, lograr alguna meta y por tanto sus consejos siempre serán "no lo hagas te puede pasar como a mí", te dicen cosas como "yo monté mi negocio y fracasé, mejor trabajar por cuenta ajena que tienes un sueldo seguro". Si te dejas aconsejar por ellos sabes que van a hacer, ¿verdad? te van a contagiar su miedo, pero el miedo lo tienen ellos y no tú. Debes coger, justamente, de ejemplo, el contrario de tipo de personas, es decir, buscar un ejemplo a seguir, ¿cuánta gente ha montado un negocio y ha triunfado profesionalmente?, millones, pues ¿por qué no puedes ser tú uno de ellos?

Lo mismo ocurre en la parte sentimental, recuerdo días antes de casarme, me decían "no te cases", "si te casas las relaciones se fastidian", simplemente porque a ellos la relación no les funcionó. Pero decidí mirar otros ejemplos, gente que llevan toda una vida juntos y hoy en día siguen siendo igual de felices. Yo hoy en día tengo a todos mis amigos, me dicen que me envidian porque mi familia es todo un ejemplo a seguir, hay amor y estamos unidos como el primer día. Si me hubiera dejado influenciar por la opinión ajena, puede que ni me hubiera casado, pero casarme con mi mujer era lo que más deseaba en el mundo, por eso no escuche nada de lo que me decían y le pedí matrimonio.

En esta vida cada uno tiene su verdad y su experiencia propia, y dependiendo de ello, tienen su perspectiva de la vida. Pero no porque su perspectiva sea mala, debe serlo la tuya. En tus manos está el poder de decidir a quién escuchar y si te dejas influenciar por la opinión ajena y, por tanto, vivir la vida de los demás o vivir tu vida.

Ahora piensa en tu entorno, en tu círculo más habitual de personas que te rodea en tu día a día o con frecuencia. Seguramente tienes gente con la que pasarías horas y horas sin darte cuenta y gente que, por el contrario, como mucho, un café rápido y ya no aguantas más. Quiero que pienses en cómo te sientes cuando te rodeas de esta gente positiva, te sientes feliz, te aportan energía te cargan las pilas, te sientes capaz de muchísimas cosas más, te dan la energía que te hace falta para poder realizar cualquier tarea o lo que tengas en mente. Ahora quiero que pienses justo al contrario, ¿cómo te sientes cuando estás con personas tóxicas?

¡CORRECTO!

¿Te deprimes, te hacen ver el lado oscuro de las cosas, son capaces de quitarte la energía necesaria para poder realizar cualquier cosa, solo hablan de cosas malas o son tan pesimistas que, al cabo de cinco minutos, ya estás con el ánimo en los pies. Esta gente no te conviene en tu vida, vas tomando ya conciencia?

¿CÓMO VAS A LOGRAR VOLAR COMO UNA ÁGUILA SI ESTÁS RODEADO DE AVESTRUCES?

En la vida de todos nos encontramos que tenemos algunos entornos tóxicos y entornos que son estimulantes. Que es lo mismo que entornos que te empujan hacia abajo, por tanto,

te van hundiendo; o entornos que te empujan hacia arriba y te ayudan a crecer y a sentirte mucho mejor. Entornos que sacan lo peor de ti o lo mejor de ti.

En definitiva, no hay nada peor que estar rodeado de gente tóxica, pesimista y derrotista que hacen de sus excusas su estilo de vida. No permitas rodearte de gente que saca lo peor de ti, gente que te quita tu energía y te limitan en cualquier aspecto.

Vamos a realizar un pequeño ejercicio para que vayas descubriendo la mentalidad que tienes tú.

Piensa en un día de lluvia, mucha lluvia y tienes planeada una barbacoa con tus amigos en el jardín de casa.

Yo te voy a contar como puedes ver según la mentalidad que tú tengas, hay dos opciones:

- 1- Es un fastidio, tendré que anular la barbacoa con lo que me apetecía, y en vez de disfrutar del día con ellos me tendré que quedar en casa sin hacer nada, que asco de día.
- 2- Bueno, pues si llueve buscamos un "plan b"… Los llamaré y les contaré que finalmente haremos la comida dentro de casa, la barbacoa para otro día, estoy seguro nos lo pasaremos genial también y, si les apetece, miraremos una película. Seguro que será un día genial.

Este es un claro ejemplo de como una misma situación tiene una parte negativa y una parte positiva.

¿Qué parte ves tú?

¿Qué parte quieres ver tu?

Debes intentar buscar siempre la parte positiva de las cosas y las situaciones, así mejorarás la actitud que tienes en la vida y, por consecuencia, te sentirás muchísimo mejor.

Hace ya mucho tiempo los estudios demostraron que el estrés puede tener un impacto irreversible y negativo al cerebro.

Aunque solo sea durante unos pocos días o alguna etapa corta de tu vida, la exposición al estrés compromete la eficacia de las neuronas en el hipocampo, una importante área del cerebro responsable del razonamiento y la memoria. Si el estrés dura varias semanas termina dañando las dendritas neuronales (los pequeños "brazos" que las células cerebrales utilizan para comunicarse entre sí), si se prolonga varios meses, el estrés puede destruir neuronas permanentemente.

Una investigación reciente del departamento de psicología biológica y clínica, de la universidad Frederick Schiller de Alemania, encontró que la exposición a estímulos que causan fuertes emociones negativas, el mismo tipo de exposición que se obtiene al tratar con personas tóxicas, causó que el cerebro de los sujetos tuviera una respuesta masiva al estrés.

La gente tóxica solo te aportará inseguridad en ti mismo, haciéndote dudar de cualquier proyecto o ambición y, por supuesto, tu día a día se verá totalmente afectado. Al fin y al cabo son personas a las que no les importas, solo te necesitan para vaciar sus propias limitaciones en ti. Debes salir de su círculo de influencia, perdónalas y sigue tu curso rodeado siempre de gente buena que te ayude a crecer como persona. A todas aquellas personas que no te hace bien tener en tu vida, perdónalas, desintoxícate, reconstitúyete, y verás que cuando lo hagas, te sentirás muchísimo mejor y con más energía que nunca.

Tu vida irá hacia adelante cuando logres apartarte de todas las personas que te hacen ir hacia atrás.

LA FÁBULA SOBRE MAHATMA GANDHI

Cuando Mahatma Gandhi estudiaba Derecho en Londres, un profesor de apellido Peters le tenía mala voluntad, pero el alumno Gandhi nunca bajó la cabeza y eran muy comunes sus encuentros.

Un día Peters estaba almorzando en el comedor de la universidad y él venía con su bandeja y se sentó a su lado. El profesor, muy altanero, le dice:

–¡Estudiante Gandhi, usted no entiende! Un puerco y un pájaro no se sientan a comer juntos.

A lo que Gandhi le contestó:

–Esté usted tranquilo, profesor, yo me voy volando.

Y se cambió de mesa. El profesor Peters se puso verde de rabia porque entendió que el estudiante le había llamado puerco, decidió vengarse con el próximo examen. Pero el alumno Gandhi respondió con brillantez a todas las preguntas del examen. Entonces el profesor le hizo la siguiente interpelación:

–Gandhi, si usted va caminando por la calle y se encuentra con dos bolsas y dentro de ellas están la sabiduría y mucho dinero, ¿cuál de las dos se lleva?

Gandhi responde sin titubear:

–Claro que el dinero, profesor!

El profesor sonriendo le dice:

–Yo, en su lugar, hubiera agarrado la sabiduría, ¿no le parece?

Gandhi responde:

–Cada uno toma lo que no tiene, profesor.

El profesor Peters, histérico ya, escribe en la hoja del examen "IDIOTA" y se la devuelve al joven Gandhi. Este toma la hoja y se sienta. Al cabo de unos minutos se dirige al profesor y le dice:

–Profesor Peters, usted me ha firmado la hoja, pero no me puso la nota.

A veces la gente intenta dañarte con insultos que ni siquiera te has ganado, pero solo nos daña el que puede y no el que quiere. Si permites que una ofensa o un insulto te dañe, te dañará. Pero si no lo permites, la ofensa volverá al lugar de donde salió, a su propietario. No permitas que nunca nada ni nadie te haga sentir que tú no puedes, que tú no vales, ni nada parecido. Tú eres capaz de todo y estoy seguro que al terminar el libro verás las cosas de otro modo y te darás cuenta de lo que vale o no la pena.

El primer paso para que otros crean en ti y te apoyen en tus proyectos o metas es que creas en ti mismo y estés dispuesto a apostar muy fuerte por ti.

Nunca, nunca, nunca, debes permitir que nada ni nadie te frustre ningún sueño. Es tu vida, son tus metas, tus ilusiones y tus objetivos. Tú eres el que decides qué hacer en tu vida y nadie puede decidir por ti. Recuerdo un día, al hacer un curso a un grupo, que una chica me dijo "quiero montar mi negocio, pero mi marido no me deja". Me quedé helado ¿cómo que no te deja?, ¿acaso tienes que pedir permiso? ,¿en qué mundo vivimos?

Yo le respondí que pensara en el día que ella eligió estar con esta persona para que le acompañara a lo largo de su vida, que ella lo que encontró en él era un amigo, un compañero para ayudarse mutuamente, apoyarse y quererse, no para que le frustrara la vida, limitara sus sueños y metas, que tenía que valorar sus preferencias, que buscara bien. Si el problema venía de su relación y si estaba todo realmente bien. Al final me dijo que no estaba bien con su marido y que gracias a mis palabras había reflexionado y se había dado cuenta de ello.

Finalmente se separó y monto su negocio, ahora es una persona absolutamente feliz, se dio cuenta que quien le limitaba era su marido y no se había dado cuenta, o no se quería dar cuenta. Después de hacer el curso y reflexionar se dio cuenta que la persona tóxica para ella, en este caso, era la persona con la que ella decidió formar una vida juntos con toda la ilusión del mundo en su día. Pero poco a poco la fue limitando. En muchos casos la gente nos va anulando, paulatinamente, tan silenciosamente que no nos damos cuenta hasta que nos anulan o limitan totalmente o una gran parte de nosotros en algún aspecto. Pero la culpa no es de ellos, la culpa es tuya por permitir que esto ocurriera, no culpes nunca a nadie de tu vida. Lo que te ocurre en la vida son siempre consecuencia de tus actos, en tu decisión está permitirlo o no.

No puedo decirte cuál es la clave para tu éxito, pero lo que es seguro es que la clave de tu fracaso es complacer a todo el mundo.

Tú, en resumen, eres las elecciones que has tomado en tu vida, tus ilusiones de la mañana y tus tristezas de la tarde. Eres lo que ya has conseguido y lo que te queda por alcanzar. ¿Cómo vas a permitir que otros nublen tu identidad y decidir por ti sin tu permiso?

Si estás leyendo este libro es porque NO estás viviendo la vida que deseas y hay algo que quieres cambiar o mejorar en algún aspecto de tu vida. Pero también hay algo que te detiene para hacerlo, y eso que te impide actuar está ganando la batalla. Te pone pretextos para que no lo intentes: tu edad, los hijos, los compromisos, el dinero, etc., son los perfectos argumentos para que te autoconvenzas, desmotives y no trates de hacer eso que deseas.

Todos tenemos tendencia, a causa de la sociedad y entorno en el que vivimos, a justificar todas esas acciones que debemos cambiar con alguna excusa que nos haga sentir mejor.

¿Hasta cuándo te vas a engañar a ti mismo?

¿Cuándo comenzarás a poner acción?

"Es solo tu forma de pensar lo que decide si tendrás éxito o Fracaso".

Henry Ford

No debes permitir bajo ningún concepto que nadie te diga nunca que no puedes. Ni tampoco pretender vivir la vida que los otros quieran que vivas solo para complacer a los demás. Eso no te llevará a la felicidad y si tú no eres feliz, tu entorno se verá afectado siempre de una forma u otra. ¡Por tanto, no solo pierdes tú, pierden todos, tú sabes que eres capaz de llegar a lo que te propongas solo te falta la motivación, la convicción y la acción!

La vida te pondrá obstáculos, pero los limites los pones tú.

Tienes que buscar obtener tu riqueza, la riqueza que realmente deseas o la que tú necesitas.

¿Qué es la riqueza? Hay muchas formas de riqueza. La mayoría de la gente ve la riqueza como algo relacionado exclusivamente con el dinero, pero, aparte de la riqueza económica, hay otras modalidades: riqueza en las relaciones personales o laborales, riqueza física, riqueza en aventuras y riqueza psicológica.

La riqueza económica es una obviedad, es necesaria para tener un buen nivel de vida, pero es tan solo una de las formas de riqueza. No basta con tener dinero para alcanzar la verdadera riqueza. Hay ricos muy ricos que en el fondo no lo son.

Todos conocemos algún caso de gente que, ya cuando lo tienen todo, pierden prácticamente las ganas de vivir porque lo que realmente nos motiva a las personas es mejorar, prosperar y superarnos a nosotros mismos a diario en algún aspecto. Todos conocemos alguna persona o caso que, cuando ya no tienen motivaciones o sueños, se les cae el mundo encima. Esto lo hemos visto desde famosos que cuando han alcanzado su éxito total se han venido abajo interiormente, hasta la gente de nuestro entorno. Si te fijas en la gente mayor cuando se jubilan, los que tienen motivaciones por hacer algo son inmensamente más felices que las que ya no tienen que les motive a diariamente.

SACAR LA BASURA

En donde yo vivo se dice mucho que los nietos te devuelven la juventud. Es simplemente porque se sienten útiles, y eso es lo que les devuelve la vida, sienten que han confiado en ellos para cuidar de sus niños y cuidar de ellos les aporta la motivación, distracción que, de normal, no tienen en casa. ¿Te imaginas una vida sin tener absolutamente nada que hacer? Todos necesitamos una motivación en la vida, algo por lo que levantarnos y prosperar. Te voy a decir que una de las claves de la felicidad en la vida es prosperar en algún aspecto nuestras vidas, esta para mí es una gran riqueza.

"El éxito consiste en obtener lo que se desea. La felicidad en disfrutar lo que se obtiene".

Ralph Waldo Emerson

Otra riqueza que debemos conseguir es la física: nadie quiere ser el más rico del cementerio. Sin salud uno no tiene nada, cierto, la salud es algo muy importante en nuestras vidas y debemos cuidarnos para poder disfrutar de la vida. A veces no nos cuidamos como deberíamos y este también es un gran error, nos descuidamos poco a poco a nosotros mismos.

Ya lo dijo hace muchos años Dalai lama:

"Lo que más me sorprende del hombre occidental es que pierden la salud para ganar dinero, después pierden el dinero para recuperar la salud; y por pensar ansiosamente en el futuro no disfrutan el presente. por lo que no viven ni el presente ni el futuro; y viven como si no tuviesen que morir nunca...y mueren como si nunca hubieran vivido".

UN GRAN LLAMADO A VIVIR EL PRESENTE, ¡VIVIR CADA DÍA COMO SI FUERA EL ÚLTIMO!

También es importante lograr ser rico en relaciones, es decir, sentirnos conectados con otros seres humanos, tener vínculos fuertes a nuestro alrededor y sentirnos queridos. Todos necesitamos afecto y cariño, cuidar este aspecto nos proporcionará una gran satisfacción, motivación, y bienestar con nosotros mismos. Quererte a ti mismo es lo más importante del mundo, pero también el tener gente a tu lado te aportara la riqueza que buscamos.

Es importante también trabajar en la creación de una riqueza en aventuras, en ser rico en lo que se refiere a aventuras vividas durante nuestro ciclo vital. Este tipo de riqueza puede forjarse, por ejemplo, a base de viajes o bien viviendo pequeñas aventuras como probar un nuevo tipo de comida, conocer gente nueva...

Por último, para ser ricos de verdad debemos crear una riqueza psicológica que consiste en llenar nuestra vida de sentido.

La necesidad más profunda del corazón humano es vivir por algo más importante que uno mismo.

Una felicidad duradera solo puede derivarse de lo que le damos al mundo y a quienes nos rodean. Trabajar en cada una de estas formas de riqueza hará que saboreemos y disfrutemos de ese regalo que llamamos vida.

El dinero nos dará comodidad, pero aquello que nos mueve las emociones es lo que te dará la felicidad.

En la sociedad en la que vivimos actualmente se valora más lo que tiene una persona que lo que es la persona en sí y yo te diré que **si solo vales lo que tienes, no vales realmente nada.**

Debes comprender que la vida no se trata de tener mucho dinero. Que sí, está muy bien tener la comodidad que el dinero nos aporta, pero lo que realmente nos da la felicidad es seguir creciendo como personas y sentirnos realmente llenos con lo que tenemos. Aprender a valorar las cosas que ya tenemos, todos tenemos muchas cosas que valorar en nuestras vidas, pero que muchísimas veces no lo valoramos, es de gran importancia el aprender a fijarnos en estas pequeñas cosas que realmente valen la pena.

Una vez, ya hace muchos años de esto, me fui de vacaciones con Laura, mi mujer, a Punta Cana. Estuve allí veintiún días en un hotel muy lujoso, playas paradisiacas, pulsera de "todo incluido". La verdad que no se podía pedir nada más en la vida, estaba en un paraíso. Cuando ya llevaba doce días allí de piscina, playa, comer y beber, me di cuenta de lo que me faltaba: mis amigos, la familia, en definitiva, mi vida.

Aunque estaba de lujo allí, para unos días, muy bien, pero para siempre... Dejaba muchísimo que desear, ya cansados de estar todo el día en el hotel y haber visitado todo lo que teníamos por visitar, los lugares más bellos de la zona, decidimos ir a la aventura. Hecho que cuando lo dijimos al recepcionista del hotel nos trató de locos, pero nos fuimos de visita a ver realmente como vivían la gente de allí y su cultura. Nos subimos en un autobús dirección a un pueblo de la zona, apartado de la zona llamada turística. La verdad que en cuando estábamos llegando al pueblo dentro del mismo autobús, me fui al conductor a preguntar dónde teníamos que bajar y apareció una mujer que se levantó de su asiento y me dijo, ¿dónde vas hijo mío?

Yo le respondí:

—Voy a visitar el pueblo, a conocer la gente del lugar y hacer alguna compra típica para llevarme a mi casa.

La mujer asombrada me dijo:

—Eres hombre muerto, en cuanto pare el autobús no os separéis de mí, es un lugar que ahora mismo no es seguro, y solo por el reloj que llevas y la cámara te podrían matar.

Yo la verdad no lo entendí muy bien, la gente de allí me pareció siempre maravillosa y generosa conmigo.

Yo de hecho le hice caso, al bajar del autobús no nos separamos de ella, justo al bajar del autobús nos empezaron a rodear un gran grupo de niños cuya intención era nada más y nada menos que la de atracarnos sin piedad. Nos quedamos asombrados, la mujer nos llevó a una tienda y le dijo al dependiente que era amigo suyo vigílamelos y cuídalos como si fueran hijos míos y se fue, el señor bajo incluso la persiana de la tienda.

La mujer un poco más tarde llego con dos motos, las llamaba motoconchos. Nos llevó a un lugar para que pudiéramos hacer las compras, se quedó con nosotros y, al terminar, nos dijo que tenía un restaurante y que nos llevaría a comer allí.

Ya una vez en su restaurante, que la verdad tengo que decir que no era la idea que yo tenía de restaurante, ya que era un contenedor de un camión viejo donde tenía la comida y algo de beber, y en el exterior cuatro mesas y cuatro sillas donde la gente se sentaba allí a comer rápido y se iban.

Yo estaba asombrado por la situación, nos contó que aquella zona en aquellos años era una zona muy pobre donde la gente se tenía que buscar la vida. Y algunas personas cuando veían extranjeros no veían a personas, solo se fijaban en sus pertenencias. Ya que solo con el reloj que llevaba, que valía cuatrocientos euros, allí tenían para vivir dos o tres meses sin contar el dinero la cámara y alguna joya que podíamos llevar. Que aquí no es nada del otro mundo, pero que para ellos sí era algo importante.

Después nos contaron que en aquel entonces había venido mucha gente de todas las edades de otro sitio que había sido devastado por una catástrofe climatológica y muchísimos de los supervivientes, que lo habían perdido absolutamente todo, cuando te digo todo, es todo. Lo más importante la familia por supuesto, la casa y todo lo que tenían. Llegaron a aquel lugar a buscar una nueva vida y otra oportunidad.

SACAR LA BASURA

Por supuesto los entendí, entendí la frustración que podían tener y sentir, como también comprendí que, si llegas a un país sin nada y sin recursos, tenían que buscar el modo de ganar algo para comer. Imagínate un pobre niño sin nada, era su única manera de encontrar algo que comer, aunque atracando no es la mejor manera obviamente.

Te cuento todo esto para resumir que lo que a mí realmente me impacto de verdad, lo que realmente me impresionó de esa situación fue la felicidad y la bondad de esa mujer, Fátima, la que recordaré el resto de mi vida. Sin ningún interés nos acompañó durante todo el día e incluso nos quería invitar a la comida, cosa que no permitimos, se lo pagamos con mucho gusto a pesar de que ella no quería. Aparte de esto, mi mujer se quitó un anillo que llevaba, que tenía bastante valor, y se lo regalo a Fátima. De hecho, el anillo valía dinero, sí, pero que nos salvara la vida, eso valía todo el oro del mundo entero. Nos dimos un gran abrazo.

A Fátima la recuerdo como una gran mujer que tiraba de toda su familia adelante. Con un restaurante que era un contenedor de camión viejo, que perdió horas de estar trabajando por cuidarnos, a dos personas que no conocía, y lo que más recuerdo es que era una mujer feliz. Esto es lo que más me asombró, que aun no teniendo nada, lo tenía todo, porque era lo que ella quería tener y le llenaba el corazón.

En lo que también caí más tarde y, recuerdo mucho, es en el hecho de que, si hubiéramos hecho caso a la opinión de los demás, como el taxista que me llevo a la parada del autobús, o al recepcionista del hotel. Si les hubiera hecho caso y nos hubiéramos dejado influir por sus miedos, y con ellos hubiesen logrado limitarnos, ahora mismo no te podría contar esta historia que viví, mucho menos sentir lo que sentí y aprender lo que aprendí en aquella situación. Y lo más importante, no hubiese conocido a una mujer increíble llamada Fátima.

"El hombre no puede descubrir nuevos océanos a menos que tenga el coraje a perder la costa de vista".

André Gide

La felicidad a veces parece inalcanzable, pero no es así. Lo primero que tienes que saber es que felicidad no es lo mismo que éxito, así que tener mucho dinero no te hará feliz y vivir solo de amor, seguramente, tampoco. Debes encontrar un equilibrio en todos tus aspectos de tu vida para poder hallarla.

Yo voy a ayudarte a encontrarlo, una vez más te daré las gracias más sinceras por confiar en mí como guía para conseguir tu objetivo.

Puede que ahora mismo tengas una autoestima algo baja, tu entorno te está provocando gran parte de esta baja autoestima. Depender de otras personas y otorgarles a ellas tu felicidad puede hacer que tu felicidad, por tanto, dependa de ellos. Es un fenómeno que suele ocurrir en muchas ocasiones y que debes cortar ya de raíz. Céntrate en ti, en tus metas, tus ilusiones, en tu paz mental... La gente es pasajera y recuerda que el que quiere estar lo estará, y el que no, que siga caminando.

Tienes una gran misión en la vida, tienes la gran misión de conocerte más a fondo y acercarte a tu autentica esencia. Así que la amistad tóxica que te aleje de tu autenticidad y tu libertad de expresarte tal como eres, esa persona no merece tu compañía.

"No permitiré que nadie camine por mi mente con los pies sucios".

Mahatma Gandhi

Quiero en mi vida personas que sumen, no personas que resten.

Aléjate de las personas que han dejado de aportarte o que te aportan tan solo conflictos y malos momentos. En ocasiones, puede ser una oportunidad para crecer o para, de una vez, tomar el camino que deberíamos haber elegido desde un principio. Aléjate de cualquier persona que duda de ti, únete a quien te valora, libérate de quién te estorba y ama a quién te soporta. Regala tu ausencia a quién no valora tu presencia y demuéstrate lo que vales.

¿No eres un saldo de las ultimas rebajas verdad? Tú tienes que ponerte un precio y este es el valor que te dará el resto de la gente, el que tú mismo te pongas.

A veces tratamos de justificar acciones diciendo todo está bien, las cosas cambiarán. Este es un gran error, este es un síntoma de autotoxicidad, te estás volviendo tóxico para ti mismo. Así solo estás logrando no valorarte. Debes aprender a valorarte por lo que eres y por lo que quieres, y absolutamente nadie en esta vida te lo puede quitar, y si te lo está quitando es porque tú se lo has permitido.

¿Conoces la fábula de la rana hervida?

La fábula se basa en una ley física real que viene a decir que si se introduce una rana en una olla y la velocidad de calentamiento de la temperatura del agua es menor a 0,02°C minuto, la rana se quedará quieta y morirá al final de la cocción. Esto se produce porque la rana ajusta con el agua su temperatura corporal de manera gradual. Si la temperatura subiera a una mayor velocidad, la rana saltaría y escaparía. Cuando el agua esté llegando a su punto de ebullición, la rana ya no podrá ajustar más su temperatura e intentará saltar, pero ya no podrá hacerlo, pues ha malgastado su fuerza en ajustar su temperatura y morirá.

¿Qué mató a la rana? ¡Piensa en eso!

Sé que muchos van a decir que el agua hirviendo. Pero, la verdad, lo que mató a la rana fue su propia incapacidad para decidir cuándo saltar.

Esto en la vida lo aplicaríamos en el desgaste emocional que nos causa estar con gente que no nos conviene, hasta que llega el punto en que no podemos más y estallamos, es decir, nos vamos deteriorando hasta que ya no podemos más.

Si tienes gente a tu alrededor que te limita, te hace sentir mal, te explota emocionalmente… ¡¡¡Salta!!!

Salta ahora que tienes fuerzas para saltar, antes que te desgastes más y termines quemándote. Hay veces que aguantamos cosas en la vida y cuando nos damos cuenta, ya no sabemos ni por dónde empezar, no nos vemos capaces. Es por eso que ya no debes permitir llegar al extremo, debes ser capaz de decidir qué es lo que te conviene.

Tú debes decidir cuándo saltar, todos tenemos amigos o amistades, relaciones que nos van cargando de malas energías que no te suman, te restan. Yo mismo tenía un amigo que solo quedaba conmigo para contarme sus penas sino ya no me llamaba, ¿tú crees que es una persona que tenía que tener a mi lado?

Pues la verdad es que ya cuando me llamaba no me apetecía ni coger el teléfono, lo primero que me venía a la mente era "ahora que le habrá pasado". Después de hablar con él siempre me quedaba como un mal cuerpo. Finalmente, aunque lo apreciaba mucho, le dije que si solo me llamaba para contar sus problemas, que ya no me llamara más. En definitiva, lo aparté, aún seguimos quedando algún día pero ya intenta no ser negativo, por tanto, yo me valoré y le ayudé a él a cambiar un poco su percepción de la vida.

Por lo tanto, yo cambié mi forma de actuar con él y las cosas cambiaron porque si tú no cambias, nada cambia.

ALÉJATE DE LA COMPAÑÍA QUE TE DESGASTE EMOCIONALMENTE. TOMAR DISTANCIA DE LAS PERSONAS TÓXICAS NO SIGNIFICA QUE SEAS EGOÍSTA, ES SOLAMENTE UNA ACCIÓN QUE PROTEGE TU SALUD EMOCIONAL... SEGUIR AFERRADO A RELACIONES POCO NUTRITIVAS ES NO PERMITIR EL INGRESO DE NUEVAS PERSONAS EN TU VIDA.

En este libro encontrarás la forma de poder cambiar tu vida para poder hallar tu felicidad. Todo tiene un orden para poder lograr, con éxito, conseguir lo que te propongas. Y considero muy importante que lo primero sea, lo que te he contado hasta ahora, eliminar toda esta gente que te limita poder conseguirlo. Ya te he dicho que no será fácil, pero estoy seguro de que lo conseguirás, ya que si has comprado el libro es porque deseas hacer ese cambio en algún aspecto de tu vida que te impide ser totalmente feliz.

¡Vamos a decretar en voz alta, con alta vibración e intensidad emocional!

¿QUIÉN ERA?

¡UNA ROCA!

¿QUIÉN SOY?

¡UN DIAMANTE!

¿HA QUÉ HE VENIDO?

¡HA TRIUNFAR Y PROSPERAR!

¿POR QUÉ?

¡PORQUE HE VENIDO A ESTE MUNDO A BRILLAR COMO UN DIAMANTE!

RECUERDA SIEMPRE QUE UN DIAMANTE SIGNIFICA 'INVENCIBLE'.

VICTIMISMO

VICTIMISMO

Vamos a entrar en el tema del victimismo, de los que responsabilizan de todo lo que les ocurre en sus vidas a los demás, consciente o inconscientemente. Son personas que siempre tienen excusas para todo, de este modo, se liberan de cualquier responsabilidad de las acciones que toman ellos mismos, y culpabilizan al resto de lo que les ocurre. Son personas que creen que su situación personal se debe u ocurre siempre por culpa de los demás y de las circunstancias, por tanto, no se sienten responsables de lo que les sucede.

Ahora haremos un ejercicio:

Apunta aquí con un boli:

Sé muy sincero

1. ¿Qué grado de víctima consideras que eres tú?
2. ¿Qué crees que piensa la gente de ti?
3. ¿Te comportas como eres o eres diferente dependiendo de la situación?
4. ¿De cuantas cosas te quejas al largo del día?
5. ¿De cuantas cosas que te ocurren culpabilizas a los demás o a tu entorno?

1. _____
   _____
   _____
   _____

2. _____
   _____
   _____
   _____

3. _____
   _____
   _____
   _____

4. _____
   _____
   _____
   _____

5. _____
   _____
   _____
   _____

¡Ahora analízalo!

Una vez analizado, redondea de 1 al 10 ¿qué grado de víctima consideras que eres tú?

1 2 3 4 5 6 7 8 9 10

VICTIVISMO

Este ejercicio te ayudará a abrir tus ojos y a cambiar tu situación y, por tanto, tu vida.

Vamos a dejar de ser víctimas.

Somos responsables de lo que nos ocurre y de todos nuestros actos y circunstancias al 100 %. Debemos afrontar lo que venga como tal.

Tenemos la mala costumbre de quejarnos por casi todo durante todo el día, al final es un rol que vamos adquiriendo todos e inculcando a las futuras generaciones, por tanto, tenemos que romper con esto desde ya.

ESTO SOLO TE LIMITARÁ PARA PODER CONECTARTE CON TU FUENTE DE ENERGIA.

La queja nos lleva a la pobreza. Cada vez que nos quejamos es como decirle al universo que queremos más de lo mismo. El universo no entiende si lo que pides lo deseas o no, entiende que lo estás pidiendo. Si piensas "no quiero enfermar, no me quiero resfriar" y piensas en cómo de mal te sientes estando enfermo, el universo solo entiende que tú estás pensando en el resfriado y en que, incluso, sientes esa sensación. Por tanto, se te dará porque, sin quererlo, lo estás pidiendo. De aquí la importancia de tener siempre buenos pensamientos, enfocar la vida siempre a aspectos positivos.

Si se trata de un negocio, sentirte ya el más triunfador y visualizarlo así como un hecho. Si se trata del amor, sentirte el más amado del mundo y se te dará. Y así en todos los campos que existen en la vida, la ley del mentalismo es muy poderosa y, con ella, tienes la capacidad de pedir todo lo que pienses, porque **si está en tu mente, está en tu realidad**. ¡Pero es muy importante mantener siempre, siempre, el pensamiento positivo y enfocándote a tu meta!

Una persona que es víctima, yo también la clasificaría dentro de personas autotóxicas. Estoy seguro que cuando oyes hablar de personas tóxicas en lo primero que piensas es en que son personas malas, nada que ver con esto, simplemente son personas frustradas en la vida o que no son realmente felices. Todas estas personas también fueron niños y no nace nadie con maldad, es la vida que te cambia el carácter y el modo que tienen de superar las circunstancias que te pone la vida.

Los niños no nacen con malicia, no discriminan, no se burlan, no humillan hasta que un adulto les enseña.

¿Has visto alguna vez un niño que sea malo? No, ¿verdad? Todos seguimos llevando este niño que un día fuimos dentro de nosotros y de lo que se trata es de volver a sacarlo a la luz.

Los niños son felices y tienen esa bondad dentro de ellos nada más nacer. Es cuando nos vamos haciendo mayores cuando nos van poniendo limitaciones en nuestras cabezas y así nos vamos transformando en la persona que somos ahora.

¿Eres realmente feliz como cuando eras niño?

¿Crees que tu niño interior está orgulloso del adulto que eres ahora?

¿Qué es lo que ha cambiado?

Yo te lo diré, nada más que los años y si tú no eres feliz es porque tú lo has permitido.

Ese niño aun lo llevas en tu interior, el que era feliz y se divertía prácticamente con nada. Cuando eras pequeño no te preocupaba saltar charcos, justo todo lo contrario, te divertía. Estoy seguro que no era nada que te produjera ningún miedo, ni ninguna limitación ¿verdad? Pero tus mayores te decían que te ensuciarías y te resfriarías ¿tengo razón?

Por tanto, cuando has ido creciendo, al ver un charco, lo primero en que piensas es en "me ensuciaré, se me mojarán los pies, por tanto, puedo coger frío y resfriarme".

Es por ello, por todo este conjunto de cosas o circunstancias que te ha ido ocurriendo a lo largo de la vida, por todos estos pequeños miedos y limitaciones que te ha inculcado la sociedad en la que vivimos, que ahora eres la persona que eres actualmente. No hay nada de malo en saltar un charco si eso te apetece, si realmente te gustaría hacerlo, simplemente hazlo. Ya va siendo hora de despertar y sacar los muros y limitaciones mentales que tenemos en la cabeza desde hace años.

Ahora quiero que pienses, ¿cuánto tiempo hace que no hablas con tu niño interior? Y te diré más, piensa en cómo cuidas de ese niño que algún día fuiste.

Imagínate que pudieras compartir un día entero con el niño que fuiste y en como lo cuidarías, ¿procurarías que comiera bien verdad?

¿Intentarías que se divirtiese?, ¿lo ducharías antes de acostarse?, ¿le pondrías crema después de la ducha?

Ahora pregúntate a ti mismo:

¿por qué te permites comer mal?

¿por qué permites ducharte rápido?

¿por qué permites no ponerte crema después de la ducha?

Y así muchas cosas más, te estás fallando a ti mismo y en todo lo que no querías para ti.

Una frase que a mí me gusta mucho es la de **CUIDATE A TI MISMO COMO UNA MADRE CUIDARIA DE SU NIÑO.**

Una buena manera de recuperar al niño que llevas dentro es haciendo un ejercicio durante siete días muy, muy fácil. Busca una foto de cuando eras pequeño y ponla en el espejo de tu baño, háblale cada vez que vayas al baño e imagina que te acompaña en tu día a día a tu lado, Pasados estos siete días pregúntale al niño de la foto si está orgulloso del adulto que tú eres y te has convertido.

Entiendo que si estás leyendo este libro es que no eres realmente feliz con tu vida y, por tanto, tu niño interior no está orgulloso de en qué te has convertido. También te diré que si no cambias nada, por supuesto que nada cambiará. Ahora es justo el momento de mejorar las cosas, dejar de ser la víctima de tu vida, coger las riendas que te llevarán a la plenitud, te llenarán el alma y serás feliz contigo mismo, que es el primer paso. Para poder dar felicidad, primero tú tienes que ser feliz, sino no tendrás nada que dar y, en consecuencia, no conectarás con tu fuente de energía, la cual es la responsable de que llegues a todo lo que te propongas.

¡Ser y estar feliz tendría que ser lo más primordial en nuestras vidas y muchas veces posponemos nuestra felicidad con excusas baratas "ahora no es el momento", "más adelante", "la faena no me lo permite", "no tengo tiempo". ¡Esto solo son excusas y limitaciones que te estás poniendo, nadie más que tú!

RECUERDA SIEMPRE QUE SI REALMENTE QUIERES ¡¡¡PUEDES!!!

 VICTIVISMO

Como bien dice Joaquín Sabina, la mayor decepción es no intentarlo.

Yo te pregunto:

¿qué te detiene para no intentarlo?

¿qué hace que te paralices?

¿miedo a equivocarte?

¿miedo al rechazo?

¿miedo a que no salga perfecto?

¿Qué es peor, no intentarlo o que se materialice el peor de tus miedos?

Porque a los miedos se les puede enfrentar (y por lo mismo ganarles), pero añorar lo que no sucedió, no hay manera de combatirlo, es ese doloroso e inexistente "hubiera". Por ello te invito a que hagas una reflexión muy honesta sobre eso que te detiene y te preguntes ¿qué te duele más? Con total sinceridad, te pido te respondas:

¡APUNTALO AQUÍ!

¿Cuál es tu postura en la vida, víctima o protagonista?

Tú eres capaz de todo lo que te propongas, siempre que no permitas que nada ni nadie te manipule, ¿cuántas veces has hecho algo que creías que eras incapaz de hacer? Seguro que en toda la vida te han ocurrido cosas en las que te creías totalmente incapaz de hacer algo y, en cuanto lo has hecho, has pensado en que si me hubieran dicho que sería capaz de hacerlo no me lo hubiera creído ¿verdad?

O alguna frase tipo me he sorprendido a mí mismo.

Es tan simple como que lo que no te ha dejado avanzar es tu mente, tu entorno y tu victimismo. El pensar "yo no podré" por múltiples excusas dependiendo de la causa como la edad, la inteligencia, la agilidad, pues aquel día te diste una lección a ti mismo de lo que te estoy contando ahora mismo. Que sí puedes, que eres capaz de todo y más y si te pones a prueba y lo intentas, te darás cuenta de que eres capaz de todo lo que te propongas. Te contaré una pequeña historia:

Dos niños llevaban toda la mañana patinando sobre un lago helado cuando, de pronto, el hielo se rompió y uno de ellos cayó al agua. La corriente interna lo desplazó unos metros por debajo de la parte helada, por lo que para salvarlo la única opción que había era romper la capa que lo cubría.

Su amigo comenzó a gritar pidiendo ayuda, pero al ver que nadie acudía, buscó rápidamente una piedra y comenzó a golpear el hielo con todas sus fuerzas.

Golpeó, golpeó y golpeó hasta que consiguió abrir una grieta por la que metió el brazo para agarrar a su compañero y salvarlo. A los pocos minutos, avisados los bomberos por los vecinos que habían oído los gritos de socorro, llegaron los bomberos. Cuando les contaron lo ocurrido, no paraban de preguntarse cómo aquel niño tan pequeño había sido capaz de romper una capa de hielo tan gruesa.

–Es imposible que con esas manos lo haya logrado, es imposible, no tiene la fuerza suficiente ¿Cómo ha podido conseguirlo? –comentaban entre ellos.

Un anciano que estaba por los alrededores, al escuchar la conversación, se acercó a los bomberos.

–Yo sí sé cómo lo hizo –dijo.

–¿Cómo? –respondieron sorprendidos.

–**No había nadie a su alrededor para decirle que no podía hacerlo**.

Lo único imposible es aquello que no intentas.

Víctima y pesimismo.

Son dos palabras que van muy cogidas de la mano porque son personas que se pasan el día lamentándose, de prácticamente todo, algunas ya tienen grado de victimismo crónico, se pasan el día culpabilizando a todo su entorno de lo que a ellos les ocurre. Insisten en que todo lo sucedido es por factores o personas externas, esto les causa un grado de pesimismo, ira e irritabilidad continua.

Este modo de afrontar el día a día puede traer más consecuencias negativas. Uno de los perjuicios más claros es la visión pesimista de la vida que acarrea el victimismo crónico, ya que crea un entorno de malestar y desconfianza tanto para la persona que siempre se queja, como para las personas de su alrededor, que se sienten injustamente tratadas.

Este tipo de personas tienden a deformar la realidad, realmente se creen que en cualquier circunstancia la culpa es de su entorno o terceras personas y tienden a sobredimensionar las partes más negativas de su vida, valorando muy poco los aspectos positivos porque su enfoque siempre es

VICTIVISMO

la negatividad. Son personas que siempre piensan en lo malo y se pone en lo peor y, finalmente, es lo que acaban atrayendo en su vida con este tipo de comportamiento.

Muchas veces desechamos grandes situaciones que pueden llegar a ser muy beneficiosas para nuestra vida por el miedo a enfrentarnos, enfrentarnos a la posibilidad del cambio. Y así nos abrazamos a lo conocido, aunque sea terrible o realmente no lo queramos. Nos conformamos con las situaciones de comodidad y a no cambiar por la posibilidad de que lo que venga sea a peor. Esto se le llama victimismo, todos tenemos en más o menos grado un estado de víctimas o hemos tenido algún episodio en nuestra vida en el que lo hemos sido ¿verdad?

Una vez oí un a antigua fabula de un hombre que de noche se dirigía hacia su casa cuando, de repente, en el camino encontró una serpiente enroscada en medio del camino. El hombre se asustó muchísimo y arrancó a correr en la dirección opuesta en la que se dirigía. A la mañana siguiente, a plena luz del día, decidió volver por el mismo camino. Iba con miedo, el corazón le palpitaba a mil por hora por si estaba la serpiente en el camino como la noche anterior. Cuál fue su sorpresa cuando llegó al mismo lugar y se dio cuenta que la serpiente no estaba ni nunca había estado allí, solo era una cuerda enroscada en medio del camino.

Si ya vas con miedo por la vida te pueden ocurrir cosas similares, es decir, que cosas que solo existen en tu mente las veas reflejadas en cosas y circunstancias en las que no hay nada de malo. Si vas predispuesto a que algo malo te va a ocurrir, probablemente te termine ocurriendo, al menos, dentro de tu cabeza.

Existe algo más allá de nuestros miedos si no les hacemos caso y luchamos contra ellos, algo bueno nos deparará la vida.

En la vida se pierde más por miedo que por intentar.

Es hora de tomar una decisión.

¿Qué es una decisión?

Una decisión es la **determinación para actuar ante una situación que presenta varias alternativas.** La palabra proviene del latín *decisio*, que significa 'opción tomada entre otras posibilidades'. O 'incisión para cortar'.

Para los psicólogos, una decisión corresponde a la etapa final de un proceso de razonamiento orientado a la solución de problemas, así como el emprendimiento de opciones que pueden modificar sustancialmente el curso de los hechos. A este proceso se le llama "toma de decisiones".

Esta es una breve historia sobre la importancia de la toma de decisiones:

Un gran maestro y un guardián compartían la administración de un monasterio Zen. Cierto día el guardián murió, y había que sustituirlo.

El gran maestro reunió a todos sus discípulos para escoger a quien tendría ese honor.

– Voy a presentarles un problema –dijo–. Aquel que lo resuelva primero será el nuevo guardián del templo.

Trajo al centro de la sala un banco, puso sobre este un enorme y hermoso florero de porcelana con una hermosa rosa roja y señaló: "Este es el problema".

Los discípulos contemplaban perplejos lo que veían: los diseños sofisticados y raros de la porcelana, la frescura y elegancia de la flor... ¿Qué representaba aquello?, ¿qué hacer?, ¿cuál era el enigma? Todos estaban paralizados. Después de algunos minutos, un alumno se levantó, miró al maestro y a los demás discípulos, caminó hacia el vaso con determinación y lo tiró al suelo.

– Usted es el nuevo guardián –le dijo el gran maestro, y explicó:

–Yo fui muy claro, les dije que estaban delante de UN PROBLEMA. No importa qué tan bellos y fascinantes sean, los

problemas tienen que ser resueltos.

Tomar una decisión no es algo fácil para nadie. Habrá momentos en que nos equivoquemos y otros que acertemos. Pero sea como sea, será una situación en la que aprenderemos a reflexionar o a descubrir nuestros errores.

Imagínate que vas de excursión a una montaña, todo va genial hasta que de repente aparece una bifurcación. En el mismo momento que aparece la bifurcación aparecen las dudas, ¿qué hago? Derecha o izquierda, no sé cuál será el camino correcto o el que tendrá menos dificultades.

También existe la opción de quedarte a dormir y decidir mañana…La verdad es que da igual, lo importante es tomar una decisión, ¿más tarde o más temprano tendrás que volver a casa no?, ¿de qué sirve posponer?

Lo que te quiero decir con todo esto es que nos encontraremos en muchas situaciones en el día a día que dependen de una decisión, que te generaran más o menos grado de incertidumbre. Puede que a veces nos equivoquemos y tomemos la decisión incorrecta, pero nos servirá para aprender de ello y volvernos más fuertes emocionalmente. ¡Lo importante es tomar una decisión!

Todo lo que nos mueve en esta vida es la acción.

¿Por qué no actuamos?

Por miedo, miedo a equivocarnos, al fracaso…

¿Qué vamos a hacer?

Tenemos que empujarnos a tomar una decisión, todo cambio importante en tu vida vendrá siempre de ello, de una simple decisión.

Una decisión de verdad es como el que deja de fumar, pero lo deja definitivamente. Da igual que le ofrezcan uno, o da igual si pasa por un estanco y tiene la posibilidad de comprarse un paquete, ¡ya tomo una decisión en su día y… ya no fuma!

Cuando ya has tomado una decisión, pero una decisión verdadera, ya no hay esfuerzo porque ya no piensas en eso. Ya no es difícil no fumar porque en definitiva, con tu decisión, lo eliminaste de tu mente. Por tanto, no requiere de un esfuerzo, si tus decisiones son firmes nunca supondrán un esfuerzo porque lo que está en tu mente es una firme realidad.

Tomar decisiones puede influir en muchísimas circunstancias a lo largo de la vida de las personas en todos los aspectos, profesionales, personales, incluso en salvar la vida.

Cuando tomes una decisión debes ser firme con ella, la gente te puede aconsejar y dar su opinión. Los consejos de la gente siempre debes considerarlos, aunque sea para desecharlos, porque son la expresión de la experiencia ajena. En cuanto a las opiniones, nunca las consideres porque solo expresan los intereses del que los da, a todo lo que venga de otro, declaraciones, opiniones, consejos, primero pásalos por el filtro de la razón y luego por el de tus propios intereses. En seguida, puedes usarlos o no.

"El dolor es inevitable pero el sufrimiento es opcional".

Buda

Esta frase nos viene a decir que no tenemos la capacidad de elegir lo que nos va a tocar en la vida, como máximo, podemos tomar decisiones más o menos acertadas, pero nada nos garantiza la liberación del dolor. Eso sí, siempre podemos elegir de qué modo nos enfrentaremos a los problemas.

En tus manos tienes el poder y la decisión de cómo quieres que sea tu nueva vida.

Un padre, ya cansado de ver como su hijo continuamente se quejaba de que tenía problemas y no salía de uno que ya tenía otro para resolver, le dio una pequeña lección que todos podemos poner en práctica en casa:

VICTIVISMO

El padre entro en la cocina, llenó tres ollas con agua y las colocó sobre fuego fuerte. Pronto el agua de las tres ollas estaba hirviendo. En una colocó zanahorias, en otra puso huevos y en la última, granos de café, y las dejó hervir sin decir palabra.

El hijo esperó impacientemente preguntándose qué estaría haciendo su padre.

A los veinte minutos el padre apagó el fuego, sacó las zanahorias y las colocó en un recipiente; luego, los huevos y los colocó en otro; y por último, coló el café y lo puso en un tercero. Mirando a su hijo le dijo:

–Hijo, ¿qué ves?

–Zanahorias, huevos y café. –Fue su respuesta.

Le hizo acercarse y le pidió que tocara las zanahorias. El las tocó y comprobó que estaban blandas. Luego le pidió que tomara un huevo y lo rompiera. Después de quitarle la cáscara, observó que el huevo estaba duro. Y, al final, le pidió que probara el café. Él, sin entender el propósito de su padre, sonrió mientras disfrutaba de su profundo aroma y rico sabor.

Humildemente el hijo preguntó:

–¿Qué significa todo esto, Padre?

Él le explicó que los tres elementos habían enfrentado la misma prueba: agua hirviendo; pero habían reaccionado de forma diferente. La zanahoria llegó al agua fuerte y dura, pero después de pasar por el agua hirviendo se había vuelto débil y se había deshecho; El huevo había llegado al agua frágil, su cáscara fina protegía su interior líquido, pero después de estar en agua hirviendo, su interior se había endurecido; Los granos de café después de estar en agua hirviendo habían dejado su esencia y con ello, dar sabor al agua en la que se encontraba.

–¿Cuál eres tú? –le preguntó a su hijo–. Cuando la adversidad llama a tu puerta, ¿cómo respondes?, ¿eres una zanahoria, un huevo o un grano de café?

Hoy en día es cada vez más frecuente ver cómo la gente, ante el mínimo problema, se hunde. Muchas veces tiramos la toalla y nos damos por vencidos y debes preguntarte a ti mismo cómo tú afrontas a los problemas.

¿Eres como la zanahoria?

Que eres muy fuerte pero ante la adversidad te marchitas y pierdes tus fuerzas.

¿Eres como el huevo?

Que tienes una cascara frágil y fina con un corazón blando, pero después de una adversidad te vuelves duro y rígido. Tu aspecto no cambio, pero por dentro te has encontrado con un corazón más duro y más fuerte.

¿O eres como el café?

De hecho, el grano de café es el que cambia el agua, ante la adversidad desprende su mejor aroma, por tanto, ante la adversidad tú empiezas a cambiar la situación de tu alrededor. Pero tú te mantienes igual.

Todos ante la misma circunstancia reaccionamos de forma distinta, hay gente que una pequeña dificultad le hunde, a otros les vuelve más fuertes, y al resto simplemente les da igual lo sucedido. La diferencia está en cada ser, en cada uno de nosotros mismos, eres tú el que decides como te afectan las cosas. Ahora está en tus manos como afrontar los problemas, cada vez que te ocurra algún problema decide como dejas que te afecte y de qué modo te enfrentas a ello.

Decirle adiós de una vez por todas al victimismo es clave para lograr una vida agradable y feliz.

NO CRITICAR

NO CRITICAR

En la antigua Grecia, Sócrates fue famoso por su sabiduría y por el gran respeto que profesaba a todos.

Un día un conocido se encontró con el gran filósofo y le dijo:

–¿Sabes lo que escuché acerca de tu amigo?

–Espera un minuto –replicó Sócrates–. Antes de decirme nada quisiera que pasaras un pequeño examen. Yo lo llamo el examen del triple filtro.

–¿Triple filtro?

–Correcto –continuó Sócrates–. Antes de que me hables sobre mi amigo, puede ser una buena idea filtrar tres veces lo que vas a decir, es por eso que lo llamo el examen del triple filtro.

–El primer filtro es la verdad. ¿Estás absolutamente seguro de que lo que vas a decirme es cierto?

–No –dijo el hombre–, realmente solo escuché sobre eso y...

–Está bien –dijo Sócrates–. Entonces realmente no sabes si es cierto o no. Ahora permíteme aplicar el segundo filtro, el filtro de la bondad. ¿Es algo bueno lo que vas a decirme de mi amigo?

–No, por el contrario...

–Entonces, deseas decirme algo malo sobre él pero no estás seguro de que sea cierto. Pero podría querer escucharlo porque queda un filtro: el filtro de la utilidad. ¿Me servirá de algo saber lo que vas a decirme de mi amigo?

–No, la verdad es que no.

–Bien –concluyó Sócrates–, si lo que deseas decirme no es cierto ni bueno e incluso no es útil ¿para qué querría saberlo?

Usa este triple filtro cada vez que vayas a realizar algún comentario a otra persona sobre sus conocidos o amigos y, en general, antes de realizar cualquier crítica hacia otra persona. Antes de hablar de alguien sobre alguna cosa nos deberíamos preguntar estas tres cosas a nosotros mismos:

La primera: ¿Estoy seguro de que lo que voy a decir es cierto?; La segunda: ¿Lo que voy a decir es bueno?; Y la tercera: ¿Es necesario decirlo?

Esto me recuerda enormemente al juego del teléfono que jugábamos de pequeños ¿lo recuerdas?

Se trataba de hacer una fila, de cuanta más gente mejor, y decir una frase al oído de compañero y este seguía la cadena con su compañero de al lado y así consecutivamente. Si ya has jugado alguna vez sabrás que, de lo que tú dijiste hacía un par de minutos, cuando llego al último no tenía nada que ver con lo que tú habías dicho ¿verdad? Sino lo has probado nunca, pruébalo un día y lo verás, la gente va trasformando la misma frase hasta el punto que no tiene nada que ver con lo que hemos dicho, y eso en tan solo un par de minutos, imagínate algo que puedes contar a alguien como se puede transformar.

Vigilar lo que decimos es importante porque es una manera de dañar a alguien, a veces, sin querer. Es importante porque un chisme que puede afectar a otra persona, algún día también te puede tocar a ti mismo. Escoge siempre la opción de no ayudar a herir a alguien porque si lo haces, estás fomentando que vuelva a ocurrir continuamente en tu entorno. Filtra siempre todo lo que te digan y si no te va a aportar nada de bueno para ti, ni lo escuches.

La palabra crítica, con origen en el latín *criticus*, identifica la opinión, examen o juicio que se formula en relación a una situación, servicio, propuesta, persona u objeto. De manera general, una crítica puede ser constructiva o destructiva. La crítica constructiva es aquella que busca dar a conocer los puntos débiles de la persona o del trabajo con el objetivo de que pueda mejorar y crecer. La crítica destructiva, en cambio, no tiene otro fin más que el de disminuir a la contraparte.

Criticar equivale a valorar algo desde la perspectiva de nuestro particular punto de vista, tanto racional como afectivo. Quién dedica su tiempo a mejorarse a sí mismo no tiene tiempo para criticar a los demás.

No es tan fácil ponerlo en práctica, pero debemos dejar de hacerlo. Si te pasas el tiempo fijándote en lo que hacen los demás pierdes tiempo en ti mismo, tú tampoco eres perfecto y siempre hay cosas que mejorar. Criticar provoca una reacción negativa no solo en el criticado, sino también en quién critica.

A nadie le gusta que lo juzguen y mucho menos de manera incorrecta, no tienes toda la verdad y si criticas te enfocas en algo negativo solo porque tú crees que está mal. Las cosas suceden por muchas causas y muchas veces no sabes ni la mitad. Criticar puede ser una forma de afirmarse, de sentirse importante o de dejar claro quién manda, pero también puede ser un intento fallido de comunicarse. Son infinitas las razones por las que algunas personas critican, en cambio, el efecto siempre suele ser el mismo, por eso es bueno intentar ponerle remedio.

Se dice que quién más crítica es quién más tiene que callar.

Quiero que pienses que es muy importante no criticar, pero muy importante es no criticar a nuestros padres o personas que nos han criado. He escuchado infinidad de veces a la gente quejándose y criticando a las personas que le han dado la vida y criado, tus padres han hecho todo lo que han podido por ti, o las personas que te han criado, lo mejor que han podido o han sabido hacer por nosotros. Por ejemplo, si mis padres me hubiesen llevado a inglés, las cosas a día de hoy me irían mucho mejor.

Esto no lo puedes saber, y si en su momento no te llevaron, es porque a lo mejor no podían pagarlo y decidieron invertir el dinero en alimentarte y darte cuidados que en aquel momento necesitabas. No puedes culpar de tu vida a tu pasado, te han dado la vida y te han cuidado y si a día de hoy tienes la gran suerte de poder darles un abrazo, hazlo. Esto les llenara de orgullo y te sentirás muchísimo mejor contigo mismo.

De hecho, no solo con nuestros padres sino con todo nuestro entorno.

La familia no siempre es de sangre, la familia son las personas en tu vida que te quieren en la suya. Son aquellos que te aceptan por quien eres, aquellos que harían cualquier cosa por verte sonreír y aquellos que te aman sin importar nada.

Ahora te voy a contar un poco sobre que es la verdad, o la verdad de cada uno, para hacerte reflexionar un poco. Es un ejemplo con una historia que nos puede haber ocurrido a cualquiera de nosotros en algún momento de nuestra vida, o algo muy similar. Y lo que te quiero decir con ella lo tendrás que poner en práctica el resto de tus días.

Soy un chico de diecinueve años un sábado por la noche, he quedado con unos amigos para salir a tomar algo, son casi las cinco de la mañana y me dispongo ya a ir para casa. Ha sido una noche genial, me encanta salir de fiesta con los amigos a tomar algo después de una semana de exámenes y tanto estudiar. Llego a casa y allí están mis padres, me empiezan a decir que donde he estado, que si ya son las cinco de la mañana, que no sabían nada de mí, que ya son horas de llegar, que he bebido…¡increíble! para un rato que salgo a divertirme y al llegar a casa y encontrarme esto. En cuanto pueda me independizo.

Lo primero en que pensamos es: pobre chico, lleva razón, ¿verdad?

Todos hemos sido jóvenes y necesitamos salir y disfrutar de la vida.

Ahora la otra cara de la moneda:

Tengo un hijo de diecinueve años, es una edad en que quieren comerse el mundo y no son conscientes todavía de muchos de los peligros que hay en la vida. Me ha dicho que salía a tomar algo y venía, pero son ya las cinco de la mañana y no sé nada de él. Lo llamo y me sale apagado, no he dormido en toda la noche solo mirando el reloj y esperando que llegara a casa. Me preocupa que le pueda ocurrir algo malo, he oído una ambulancia y me he puesto en lo peor. Al fin llega a casa y le digo que no sabía nada de él, ni con quién estaba, ni qué estaba haciendo, y me dice que en cuando pueda se irá de casa, que ya es mayor y no lo puedo controlar. Él no entiende que tan solo estaba preocupada por él, lo amo más que a mi vida y sufro por él.

Siempre toda historia tiene dos "verdades", cada moneda tiene dos caras. Ahora vas a hacerte una reflexión a ti mismo.

Piensa en algún conflicto que hayas tenido alguna vez con alguien o que hayas podido perder la amistad por algo. Y para hacerlo mejor, escríbelo en un papel como si fuera una novela, o una historia.

Ahora te vas a poner en la piel de la otra persona y vas a hacer lo mismo, vas a apuntar en un papel la misma novela o historia, pero esta vez desde la piel y los ojos de la otra persona implicada en el mismo conflicto. Intenta pensar en qué pudo sentir él o ella viviendo la misma situación que tú viviste.

La definición sería el efecto "rashomon", es el efecto producido por la subjetividad y la percepción personal a la hora de contar una misma historia o situación. Por el que los individuos que cuentan estas, lo hacen de forma diferente, pero de manera que cualquiera de las versiones es razonablemente posible, sin tener que ser por ello, ninguna de estas versiones falsa. Simplemente están influidas por la propia variabilidad y percepción individual.

Esto significa que la misma historia siempre tiene varias maneras de ver las cosas. Alguna vez puede que encuentres una situación grave y la otra persona pensar que no es para tanto. Las dos llevan su razón, depende de tu carácter y del modo que tú tienes de ver las cosas te tomarás la situación. De ahí la importancia de que cuando te encuentres en alguna situación, siempre mires los otros puntos de vista o percepción que puede tener la misma historia. A todos alguna vez nos ha ocurrido que te pueden hacer una broma y si estás bien te ríes y te lo tomas con humor, pero si, por el contrario, estás mal por cualquier circunstancia, la broma no te hace ni pizca de gracia o incluso te enojas.

¿Qué ha cambiado?

Correcto, ¡tu percepción!

Es solo poner un pequeño esfuerzo en mirar siempre todas las perspectivas de las cosas que te llevarán a grandes cosas. Si cambias la forma de ver las cosas, las cosas cambiarán, lograrás que algunas de las circunstancias que alguna vez te dolían, ahora te dolerán menos o te enojaras menos cuando comprendas que no todo es ¡como tú lo ves! Hay que aprender a ver las cosas por lo que son, no por lo que tú quieres ver.

PARA VER MEJOR CIERTAS COSAS, EN OCASIONES, TIENES QUE CERRAR LOS OJOS Y ABRIR EL CORAZÓN.

También es de mucha importancia, para que podamos mejorar nuestro equilibrio y así poder conectar mejor con tu fuente de energía, ser tolerantes.

¿Qué es la tolerancia?

Cuando entiendas que hay otra forma de ver las cosas, entenderás el significado de la palabra "tolerancia".

Tolerancia se refiere al respeto hacia las ideas, preferencias formas de pensamientos o comportamientos de la misma persona. La palabra proviene del latín, *tolerantia*, que significa 'cualidad de quién puede aceptar'.

La tolerancia es un valor moral que se practica con respeto al otro, hacia sus ideas prácticas o creencias. Independientemente de que contradigan o sean diferentes de las nuestras.

En este sentido, la tolerancia es una actitud fundamental para vivir en sociedad. Si eres tolerante puedes aceptar opiniones o comportamientos diferentes a los establecidos por tu entorno social en las personas.

El respeto que les das a los demás es el claro reflejo del respeto que te das a ti mismo.

Todos tenemos nuestras propias opiniones y creencias. Tenemos formas diferentes de lidiar con los problemas y alegrías de la vida. Respetar estas diferencias sin hacernos daño y sin juzgar es de lo que trata la bondad

"Quién se transforma, transforma el mundo".

Dalai lama

Todos pueden criticar, pocos pueden perdonar y ser compasivos.

Es de gran importancia el saber perdonar.

¿Por qué nos cuesta tanto pedir perdón?

He escuchado infinidad de veces frases como "no puedo perdonar", o "¡perdono, pero no olvido!"

Perdonar significa disculpar a alguien que nos ha ofendido o no tener en cuenta su falta. En la biblia la palabra griega que se traduce por "perdonar" significa literalmente 'dejar pasar, como cuando una persona deja de exigir que se le pague una deuda'. Jesús usó esta comparación al enseñar a sus discípulos a orar "perdónanos nuestros pecados porque nosotros mismos también perdonamos a todo el que nos debe". Perdonar sería como la cancelación de una deuda.

Perdonar no significa aprobar una ofensa, no significa que consideremos que está bien lo que hizo, sencillamente lo pasamos por alto.

Debemos comprender que no somos perfectos y ya que queremos que los demás perdonen nuestros errores, también tenemos que saber perdonar los suyos.

Imagínate que prestas dinero a alguien y en vez de usarlo para lo que necesitaba, decide malgastarlo. Pues bien, tú seguramente te enojarás porque se lo prestaste para un fin concreto, pero te pide perdón por su error. Tú podrías decidir perdonarlo, es decir, no guardarle ningún rencor, ni echarle en cara continuamente lo que hizo, incluso llegar a perdonarle la deuda. Sin embargo, esto no quiere decir que tengas que estar dispuesto a volver a prestarle dinero en un futuro.

No perdonar nos genera ira y la ira es como aferrarse a una brasa candente con la intención de tírala a otro. Al final tú eres el que se quema.

No perdonar, al fin y al cabo, nos perjudica a nosotros mismos en muchos aspectos de la vida. Los rencores y la ira nos limitan mentalmente en muchísimas situaciones. Por no hablar de lo que no nos perdonarnos a nosotros mismos, que esto ya es lo peor que te puedes hacer hacia tu persona. Como todo en esta vida, no es fácil, pero perdonar y ser perdonados nos libera de un peso dentro de nosotros. Perdonar, por tanto, es un acto de amor propio, un regalo que te haces hacia ti mismo.

"El perdón cae como lluvia suave desde el cielo a la tierra. Es dos veces bendito; bendice al que lo da y al que lo recibe".

William Shakespeare

NO CRITICAR

Las personas que critican suelen ser personas que no suelen estar satisfechas con su vida y les fastidia, pero mucho, que los demás sí que lo estén. Por tanto, la crítica, es su manera de expresar la rabia que sienten por el éxito de las demás personas. Suelen ser envidiosas y no se alegran de los logros que ellos mismos no han podido alcanzar.

Son personas que necesitan criticar para no criticarse a ellos mismos, para no ver su realidad. Seguramente no están satisfechas con su vida o en algún aspecto de ella, o su vida es tan aburrida que la vida de los demás les parece mucho más interesante.

Lo que sí tengo claro es que no quieres ser una de estas personas, ni tampoco tener al lado a alguien así ¿me equivoco?

Tenemos que empezar por nosotros mismos, si tú no criticas tampoco te gustará que los demás lo hagan, por consecuencia, te alejarás de las personas que no vibren como tú.

Y es que la vida es un espejo, todo lo que tenemos que sanar dentro de nosotros, lo vemos proyectado en el exterior a través de situaciones, personas, retos, dificultades e incluso enfermedades, por duro que nos parezca. Así que autoanalízate y no juzgues, al juzgar estamos dando cabida a emociones tóxicas, llevadas tanto al exterior: ira, envidia, venganza...; como hacia nosotros mismos: culpa o vergüenza tóxica.

Cuenta un relato lo que le sucedió a Paco, un niño de 8 años. Un día, después de clase, entró enojado en su casa. Su padre, al verlo entrar, lo llamó para hablar. Antes que su padre hablara algo, Paco dijo irritado:

—Papá, estoy con muchísima rabia y enojado con Joaquín.

Su padre, un hombre sencillo pero sabio, escuchaba a su hijo mientras seguía con su reclamo.

—Joaquín me humilló delante de mis amigos. ¡Me gustaría que le pasase algo malo!

El padre escuchó todo callado mientras caminaba buscando una bolsa de carbón. Llevó la bolsa hasta el patio y le dijo a Paco:

–Hijo, quiero hacerte una propuesta. Imaginemos que aquella camisa blanca que está colgada es tu amigo Joaquín y que cada trozo de carbón es un pensamiento malo que tú le envías. Quiero que tires ese carbón en la camisa, dentro un rato vuelvo para ver cómo quedó.

Al niño le pareció un divertido juego, la camisa estaba colgada lejos y pocos trozos acertaban al blanco. Al fin, el padre le preguntó:

– Hijo, ¿cómo estás ahora?

Paco le contestó:

–Estoy cansado, pero feliz porque acerté muchos trozos de carbón en la camisa.

El padre miró a su hijo, que no entendía la razón de aquél juego, y dijo:

–Ven, quiero que veas una cosa.

El hijo fue hasta el cuarto y se miró en un gran espejo. Se dio un susto, no se reconocía, solo conseguía ver sus dientes y ojos, estaba todo ennegrecido y sucio. Su padre, entonces, le dijo:

–Viste que la camisa casi no se ensució….pero fíjate en ti mismo.

Las cosas malas que deseamos a los otros son como lo que te pasó a ti. Aunque consigamos molestar a alguien, nosotros quedamos más manchados. Cada cosa mala que hacemos, una grosería, una mentira, un insulto, una venganza, aunque nos hiciera sentirnos algo mejor, nuestra alma se ha manchado y no somos mejores.

Criticar no te llevara a nada bueno en la vida, así que debes hacer un cambio en tu vida y debes hacerlo ahora. Tu forma de actuar, tu forma de pensar y hablar a los demás y a ti mismo es lo que te llevará a ser feliz.

En realidad, para poder atraer la felicidad y la vida que deseamos, debemos cambiar la frecuencia en la que vibramos porque:

Si tú cambias, todo cambia.

Todo comienza por ti mismo

Si te cuidas sabrás cuidar.

Si te valoras sabrás valorar.

Si te enseñas sabrás enseñar.

Si te amas sabrás amar.

Comienza por tu propio ser, y…

verás el cambio en todo lo que te rodea,

verás que el mundo refleja todo aquello que le das desde dentro de tu ser,

¡¡¡así que amate!!!

¡Tienes un diamante en tu interior y debes hacerlo visible en tu exterior!

¡Vamos a decretar en voz alta y con alta vibración e intensidad emocional!

¿QUIÉN ERA?

¡UNA ROCA!

¿QUIÉN SOY?

¡UN DIAMANTE!

¿HA QUÉ HE VENIDO?

¡HA TRIUNFAR Y PROSPERAR!

¿POR QUÉ?

¡PORQUE HE VENIDO EN ESTE MUNDO A BRILLAR COMO UN DIAMANTE!

¡¡¡RECUERDA SIEMPRE QUE UN DIAMANTE SIGNIFICA **'INVENCIBLE'**!!!

SUPERACIÓN PERSONAL

SUPERACIÓN PERSONAL

Muchos de nosotros pensamos que la superación personal es solo para la gente que está realmente mal o ha sufrido algo muy grave. Nada más allá de esto, la superación personal que yo entiendo es la de que mejorar personalmente y de superarte a ti mismo en cualquier aspecto que te propongas. Para mí la superación personal es conseguir que mañana pueda estar, en algún aspecto, mejor que hoy, así de simple. La verdad parece fácil, pero puede ser algo más complicado de lo que aparenta.

Yo mismo, por suerte o por desgracia, he pasado alguna situación dura como el día en que nos quedamos sin nada toda la familia. Aquel día que nos dijeron que nos lo quitaban todo y nos veíamos toda la familia en la calle, sin lugar donde ir. Aquel fue un día duro, ver la mirada en mis padres que después de tanto esfuerzo, de trabajar tan duro, por culpa de una estafa nos veíamos ahora sin nada. En aquel momento todos estábamos abatidos y derrotados, pero no perdimos la esperanza y decidimos no tirar la toalla.

Finalmente, como ya cuento en el inicio del libro, conseguimos salir de todo aquello y tuvimos la oportunidad de empezar de cero, sin nada, pero una nueva etapa estaba en camino. De todo aquello yo he aprendido muchísimo, por eso siempre digo que lo que pasamos, paso por suerte o por desgracia. Aprendí que después de la tormenta, o por muy nublado que se vea todo, a la mañana sigue saliendo el sol.

Ahora me veo con mi casa, mi mujer, mis niñas y con mi sueño hecho realidad. Siempre he pensado que todo lo que nos pasó nos ayudó a crecer como personas, a valorar más la vida en otro sentido, en el sentido de disfrutar lo que tengo y aprovecharlo. En mi casa, por la situación, no hacíamos vacaciones. Parecía que en la vida todo era trabajar, pues después de todo esto, la primera lección que aprendí fue que por más que hubiéramos trabajado de sol a sol todos juntos para tener algo más de lo que teníamos ¿de qué nos sirvió? Pensé en que no nos sirvió de nada porque antes teníamos casa, y ahora ya no, o sea, aprendí a valorar el tiempo del que disponemos, aprendí que hay que hacer vacaciones, que en la vida no es todo trabajar, lo que me hizo pensar era que, de no haberlo perdido todo, ¿qué sería de mí ahora?

Creo que sería una persona muy distinta a la que soy ahora, porque hubiera seguido los mismos patrones, la misma rutina, y así el resto de mis días. Lo que te quiero decir con todo esto es que, si ahora te sientes en algún aspecto derrotado o hundido, aprovéchalo para empujarte más fuerte, para realizar el cambio. Utiliza esto que no quieres en tu vida para darle la vuelta y enfocarte en lo que sí quieres.

Llevo ya tiempo haciendo cursos y lo que me sorprende cada día es hablar con la gente y preguntarles ¿cuál es tu objetivo?, ¿qué esperas en la vida? Lo realmente sorprendente es que la inmensa mayoría no saben lo que quieren ni cuál es su sueño. Pero si les pregunto ¿qué es lo que no quieres o no te gusta de tu vida? Eso sí lo tienen claro, pues si tienes claro lo que no quieres, si lo inviertes, seguramente tendrás respuesta a la primera pregunta. Es decir, ¿no te gusta el trabajo que tienes? pues ya sabes la respuesta a tu pregunta ¿qué quieres en la vida? La respuesta sería otro trabajo que te llene más. Y así en todos los campos de la vida, todo absolutamente todo lo que no te guste lo puedes cambiar.

Si cuando te planteas la pregunta ¿a dónde quiero ir para prosperar en mi felicidad? no obtienes ninguna respuesta clara, prueba a preguntarte qué no quieres en tu vida para conseguir el mismo destino. Una vida más feliz, en tu interior está la clave y siempre lo ha estado pero no has buscado bien.

El día que nos embargaron y nos quedamos sin casa, es una de las sensaciones que no me gustaron nada en la vida, es por eso que tenía claro que lo que no quería en mi vida era estar sin un hogar. Hoy en día tengo dos casas pagadas, a mí esto me proporciona una tranquilidad, el tener claro lo que no quería en mi vida, lo invertí y me centré en lograr un hogar. Y hoy en día puedo decir que me sigo superando a mí mismo día tras día en todos los aspectos. Las cosas que no me gustan o no quiero que formen parte de mi vida y entorno. La clave está en superarte a ti mismo en el campo que no quieras, lo que no te gusta.

Un día escuché una historia sobre dos hermanos que es una gran reflexión:

Había dos hermanos pequeños que vivían con sus padres. Su padre era una persona a la que llamaríamos tóxica, era alcohólico, mal educado, grosero, como no tenía trabajo se dedicaba a robar, era agresivo. La verdad no era un buen ejemplo para nadie, todo lo contario. Bien, los niños se hicieron mayores y cada cual hizo sus vidas y se independizaron. Uno de ellos de mayor era el puro reflejo de su padre, también era alcohólico y se dedicaba a robar, era agresivo y grosero; el otro, en cambio, era justo lo contrario era una persona que logró triunfar en los negocios, amable, buena persona, todo un ejemplo a seguir. Un día le hicieron la misma pregunta a los dos hombres: ¿qué por qué eran así? La respuesta de los dos fue exactamente la misma, que eran así por el ejemplo que tenían en casa cuando eran niños.

Los dos se criaron en el mismo entorno. Uno de ellos lo utilizó como ejemplo, siguiendo sus pasos. El otro, en cambio, decidió que aquello no lo quería en su vida, por tanto, decidió ser justamente todo lo contrario. Uno se resignó a ser lo que le habían enseñado; el otro, por el contrario, decidió que aquello no era lo que quería en su vida, por tanto, lo utilizo como empujón para saltar más alto y triunfar en su vida.

Esto te demuestra que de todo lo malo, tú puedes sacar lo que a ti más te convenga, es decir, resignarte y no hacer nada o, por el contario, tomar una decisión, tomar ese empujón y cambiar.

Superarte a ti mismo se debe aplicar en todos los aspectos de tu vida, todos tenemos algo que no nos gusta de nosotros mismos y es lo que debemos cambiar. La superación personal es un potencial que tenemos dentro de nosotros mismos, la voluntad y el compromiso personal son dos de los grandes factores que te pueden llevar hacia donde tú te propongas. Solo debes hacer un cambio consiente para lograrlo.

Primeramente debes tener autoconfianza, creer en ti es esencial, el no hacerlo no solo te causara dolor emocional. Sino serás una persona que no se fía de sí misma ni de todas sus posibilidades, por consecuencia, también los demás verán lo mismo de ti. Empieza por conocerte más, analízate desde un punto de vista de fuera, analiza cómo eres y acéptate. En definitiva, eres así, lo que no te guste de ello es lo que tienes oportunidad de cambiar.

Debes tener autodisciplina, si confías en ti mismo y sabes a dónde quieres ir, el camino se abrirá conforme vayas avanzando. Por ello debes creer en ti mismo y comprometerte contigo mismo a que lo vas a hacer. No debe ser un compromiso pasajero, para sentirte bien durante un corto periodo de tiempo. Justamente lo contrario, cuando uno toma una decisión, o un compromiso, debe ser algo firme. Si es así, no volverás nunca a lo mismo de siempre, por el contrario, si es un compromiso que no es firme, más vale que ya ni empieces.

Mi mujer, por ejemplo, un día dijo "voy a ir a andar todas las mañanas una hora como mínimo", pero lo dijo con plena convicción y realmente quería hacerlo. Ya en cuanto se levanta, se viste y se va. Da igual si llueve mucho, ella se lleva un paraguas. Ella a primerísima hora cada día se va a andar una hora, ahora ya es un estilo de vida, es algo que está incorporado en ella. Simplemente es como el hábito de lavarse los dientes, que después de mucho tiempo de hacerlo, simplemente ya lo haces sin plantearte nada.

Un ejemplo muy claro también sería un exfumador, el que decide convencido de que lo va a dejar y ya no fuma. Pasan los años y le ofreces un cigarrillo, te responderá "yo ya no fumo". Ni se planteará cogerte uno porque él ya tomó en su día una decisión firme: no fumar más. Y ya no entra en su mente el fumar.

La autosuperación es el crecimiento y el desarrollo interior de la persona por sí misma, es el camino a seguir cuando tú quieres sacar tu mejor versión. Debes ser perseverante en lo que desees como la historia del bambú. Siembras la semilla, la abonas y te ocupas de regarla constantemente.

Durante los primeros meses no sucede nada apreciable. En realidad, no pasa nada con la semilla durante los primeros siete años, a tal punto que un cultivador inexperto estaría convencido de haber comprado semillas infértiles.

Sin embargo, durante el séptimo año, en un período de solo seis semanas, la planta de bambú crece...

¡Más de treinta metros!

¿Tardó solo seis semanas crecer?

No, la verdad es que se tomó siete años y seis semanas para desarrollarse.

Durante los primeros siete años de aparente inactividad, este bambú estaba generando un complejo sistema de raíces que le permitirían sostener el crecimiento que iba a tener después de siete años.

Esta historia se puede relacionar con nuestro proceso interior, que necesitamos trabajar con nosotros mismos de una forma constante y perseverante, durante mucho tiempo, años quizás. Así sintamos que no pasa nada en el exterior, pero cuando ya estás preparado, ocurre el milagro. Cada uno debe pasar el tiempo que le haga falta para coger autoconfianza. Ya te he dicho que tiene que ser un hábito constante o, más que eso, un modo de vida. Debes creer en ti, aunque de la noche a la mañana no veas sus frutos en las cosas, cuando salgan saldrán como el bambú, más fuerte que nunca y con una energía devastadora. También se dice que el bambú es fuerte como el acero porque sus raíces son fuertes, algunas de las cualidades del bambú las tendríamos que aplicar todos en nosotros mismos:

Crece internamente antes de ir a por tus sueños. Desarrolla tu "yo interno". En la medida en que sepas mejor quién eres y qué eres capaz de hacer, mejor enfrentarás los retos de la vida. Debes estar bien interiormente, tener unas raíces fuertes y sólidas para poderte enfrentar a cualquier circunstancia.

Elévate y busca las alturas. Ya con raíces profundas y sólidas como el bambú, aspira a escalar más alto cada día, busca el cielo, sueña en grande. No te des por satisfecho jamás, ni mucho menos por vencido, sal de tu zona de confort para conseguir tus metas.

Sé flexible. El bambú, a la vez que crece, se alista para soportarlo todo: es fuerte, resistente y liviana. Posee propiedades mecánicas y físicas similares al hierro. Luego de cortar las cañas, no necesita replantarse, ya que vuelve a crecer. Ni el más fuerte de los vientos es capaz de hacerlo caer, nada lo quiebra. Aunque lleve sobre sí la más pesada de las cargas, la vida te pondrá obstáculos, si hace falta, dóblate, pero para coger impulso para ese empujón que te hace falta.

Sé humilde y agradecido. El bambú no escatima cualidades, ofrece a todos a cambio de nada, apoyo material y espiritual. Hazlo igual y notarás que tu ejemplo crecerá. Agradece lo que tienes y a lo que está por llegar.

Apóyate en el grupo. Cuando se nace y se trabaja en colectividad, como vive el bambú, te conviertes en un ser humano preparado para el éxito. En los bosques de bambú, cada planta cuida de la otra. Cuida de tu entorno y te llevará una gran satisfacción personal interior.

Todos necesitamos, en algún aspecto, crecer interiormente, todos tenemos cosas por superar. A pesar de que las cosas no salgan como te imaginabas, siempre hay algo que ganar y aprender.

Muchísimas veces el ser humano tiene la tendencia a quejarse por cualquier cosa. He visto gente para la que cualquier tontería es un verdadero drama. Cuando veo esto siempre pienso en la gente que, si ha tenido que luchar para seguir prosperando, gente que ha tenido realmente complicaciones serias y ha llegado a triunfar, gente como:

Nicholas Vujicic

Orador motivacional, quien nació sin extremidades y cuyo lema es: Sin Piernas, sin brazos, sin límites. A pesar de su condición, ha logrado nadar, hacer surf y se ha convertido en uno de los personajes más famosos en todo el mundo dando charlas motivacionales y siendo todo un ejemplo de superación personal.

Lance Armstrong

Fue un ciclista profesional que luchó contra el cáncer logrando victorias en siete Tours de Francia de manera consecutiva, siendo vocero en la lucha contra esta enfermedad a nivel mundial.

Kyle Maynard

A pesar de su trastorno genético denominado síndrome de amputación congénita, su lucha y sus ganas de seguir viviendo su vida al máximo, han marcado su camino. A pesar de no tener ni codos ni rodillas, practica artes marciales mixtas y es reconocido internacionalmente.

Frida Kahlo

A los seis años, ya tuvo que afrontar una dura enfermedad: la poliomielitis. Esta polio le dejó secuelas de por vida, ya que desde entonces tuvo la pierna derecha mucho más delgada que la izquierda. Además de la poliomielitis, Frida Kahlo sufrió un terrible accidente cuando el autobús en el que viajaba fue arrollado por un tranvía. Pasó por hasta treinta y dos operaciones. Quedó con la columna vertebral totalmente fracturada, todo esto la obligó a pasar largos periodos tumbada en la cama sin poder moverse. Ante tal aburrimiento, Frida Kahlo decidió empezar a pintar, y consiguió hacer de sus problemas y enfermedades un don con el que convertirse en la artista que fue.

Esto solo son algunos de los muchísimos ejemplos que te podría contar, la lista sería interminable, gente que pese sus dificultades han logrado triunfar y demostrarse a sí mismos que podían lograr lo que se propusieran. Ahora quiero que hagas una reflexión, si has sido dotado de una condición favorable que te permite pensar, andar, ver, oír, si tienes todos los medios favorables para cumplir tus sueños, ¿qué has estado haciendo hasta ahora con ellos?, ¿puedes decir con total tranquilidad que con todos tus medios has dado lo mejor de ti?.

Piensa en el montón de veces que te has quejado algo que te parecía terrible y en verdad, después de leer casos como los que acabas de leer, no te parecen tan terribles. A todos nos ocurren cosas, pero el modo en que las afrontamos es lo que marca la diferencia. A mí algo que me hizo mucha gracia cuando lo presencié, fue cuando vi llorar a una chica desconsoladamente diciendo que le había ocurrido algo terrible, que no saldría más de casa porque su rubio no era del tono que ella quería. Aquel día me harté de reír, aun cuando lo pienso me entra la risa. Hay gente que de cualquier cosa hace un drama y gente que sí podría llorar con motivos, son los que, en vez de llorar, deciden sacar fuerzas y superarse a sí mismos, incluso, muchas veces, contra todo pronóstico.

El mundo está lleno de milagros, sin ir más lejos, Nieves, la abuela de mi mujer, hace ya muchos años, por una serie de circunstancias, fue ingresada en el hospital. Los médicos dijeron a la familia que saliera fuera de la habitación para contarles que, sintiéndolo mucho, ya no podían hacer nada más por ella, que podían comenzar a preparar el entierro. Pero sus ganas de vivir fueron más fuertes que todo lo que decían, ella nos contó que en su interior oía una voz que le decía: ¡Nieves despierta! Abrió los ojos y estaba sola en la habitación, cuando entraron en la habitación y la vieron despierta nadie lo podía creer, sus fuerzas y las ganas de vivir la llevaron a vivir muchos años más, para mí este también es un claro ejemplo de superación.

Todos llevamos la resiliencia dentro de nosotros, la resiliencia es la capacidad para superar la adversidad, pero no solo eso, también es la habilidad de soportar situaciones límite, mantener la determinación a pesar de los problemas, persistir ante las desafiantes circunstancias y los retos del camino.

A VECES HAY QUE PASAR POR CAMINOS DIFÍCILES PARA LLEGAR A DESTINOS MARAVILLOSOS.

FIJAR UNA META

FIJAR UNA META

Una mujer británica totalmente desnuda se sube a un taxi, cuyo taxista es un chino. Este la miraba de arriba abajo y de abajo arriba varias veces.

La mujer inquieta le pregunta: ¿Nunca has visto a una mujer desnuda?

El taxista chino le responde:

–No te miro porque estés desnuda. Estoy preocupado porque miro y miro y no veo donde tienes el dinero para pagarme.

Moraleja: ¡Debes ser como el chino!

¡Concéntrate en tu negocio y no en las distracciones!

"Establecer metas es el primer paso para volver lo invisible en visible".

Anthony Robbins

Cuando un hombre con un claro objetivo principal se abre paso ante la multitud, todo el mundo se hace a un lado y lo deja pasar. Si te pones un claro objetivo o una meta, no tendrán más remedio que dejarte pasar allí a donde quieras llegar.

¿Crees que realmente haces lo que te gusta?, ¿o vas, como la inmensa mayoría, en modo automático?

NO somos máquinas de carne y hueso que solo sirven para trabajar de cualquier cosa sin importar si nos gusta o no lo que hacemos. Y esperar a que llegue nuestra jubilación, el primer día de trabajo estamos ilusionados, pero pasan los años y nos vemos en el mismo sitio, nada cambia.

La gente con metas triunfa porque sabe a dónde va.

¿Y tú?, ¿sabes a dónde vas?

¿QUIERES PERDER MÁS AÑOS DE TU VIDA?

VAMOS A FIJAR UNA META

¿Qué es lo que realmente te llena?

¿Qué es lo que te gusta?

¿A qué te gustaría dedicarte?

Vamos a comprar un planificador que yo he hecho para ti y así ayudarte a cumplir tus metas. En los próximos siete meses vamos a conseguir un gran cambio.

Piensa en lo que realmente te llena en esta vida, tú pasión, tu propósito de vida y vamos a por ello. Piensa que todas las personas realmente exitosas en esta vida, planifican su día a día la noche anterior para poder sacar el máximo de partido, beneficio y rendimiento y así lograr el máximo de cosas en el menor tiempo posible ¿No me crees? No te pido que me creas, te pido que lo pruebes. Pruébalo y veras como realmente funciona.

En el planificador ya encontrarás todo lo necesario para lograr llegar más fácil a tu meta, solo tienes que seguir las indicaciones.

Ahora vamos a por tu objetivo, cuando tengas claro a dónde deseas ir y dónde te quieres ver en unos años, vamos a empezar a actuar. Se trata de ir mejorando tu día a día tan solo un 1 % diariamente y cuando te des cuenta, habrás avanzado muchísimo. Un 1 % diario significa que, en tan solo un mes, ya habrás mejorado un 30 %. Si sigues poniendo el empeño y las ganas, o lo que es lo mismo, motivación y acción. Mejorar un 1 % no es tarea difícil si se hace progresivamente, consiste tan solo en hacer las

◆ FIJAR UNA META ◆

cosas cada día un poquito mejor que ayer, pruébalo veras como si se puede.

Si no sabes tú propósito de vida es porque ahora tienes una distorsión mental. Apunta **aquí** las cosas que más te motivan en tu vida, redacta una lista de las cosas que te apasionaría hacer. Una vez apuntadas, escoge una de ellas:

NOTAS:

Te aconsejo que tu pasión de vida o tu propósito sea hacer algo que solucione algún aspecto de la vida de las personas. Si tú solucionas algún problema a alguien, el universo lo tendrá en cuenta y va a acelerar por mil que tu propósito se cumpla mucho más rápido. También lo tendrás que mezclar con la técnica de hablar con tu fuente de energía, que es la técnica de la que estoy hablando desde el principio, te contaré como usarla en este libro.

Te aseguro con este pequeño gesto a diario de mejorar un 1 % de tu vida, en tu día a día, te ayudará a llegar a donde te propongas llegar.

El planificador ya está diseñado para conseguir un objetivo en siete meses y llegar a donde tú quieras llegar.

Vamos a por un cambio, no tengas miedo, es tu felicidad para poder darte todo lo que te mereces a ti y a todo tu entorno.

Todo tiene un precio si quieres tener lo que la mayoría no tiene, no hagas como ellos, haz lo que ellos no hacen. Todo tiene un esfuerzo y con el esfuerzo llega la recompensa, ¿cuánta gente ha llegado de la nada a lo más alto?

¿Porque tú no?

¿Qué diferencia hay?

Tienes que salir de tu zona de confort aunque te ponga incómodo y salir a por todas a comerte el mundo, **si no lo haces ahora ¿cuándo lo harás?**

¿Quieres llegar a ser mayor y arrepentirte de lo que no has hecho y podrías a ver hecho? Pues está claro que, si no es lo que quieres, es lo que tiene que cambiar. Tu subconsciente tratará que no salgas de tu zona de confort, no le gusta la prosperidad, te quiere ver toda la vida sentado en el sofá viendo la tele. Y tú dirás "qué malo es mi subconsciente", pero solo es una autodefensa que llevas dentro de ti y para él es muy duro que tú prosperes porque no le gustan y le asustan los cambios. Pero si nada cambias, nada cambiará.

Y va hacer todo lo posible para que no lo hagas y menos que lo logres.

Los sueños sin metas, son solo sueños; te llevarán a desilusiones. Las metas son el camino hacia tus sueños y debes luchar para alcanzarlos.

Recuerdo cuando empecé a hacer los cursos de pago, algunas de las personas querían transformar rápidamente su vida. Recuerdo a una chica, Alicia, una persona encantadora que, en el momento que tenía que hacer el pago, se encontraba muy, muy, muy mal hasta que creía que estaba en el punto de morir. El día en que se encontraba peor me llamó y me contó que no sabía si podría llegar a hacer el pago de lo mal que se encontraba, ya que estaba mareada con vómitos y muy mal estar. En ese mismo momento, hablando con ella, le dije que esto era culpa de su subconsciente que no la dejaba avanzar y le dije que si ella realmente quería hacer el curso, que cogiera fuerzas y que fuera a hacer el pago y en cuando lo hubiese realizado se encontraría muchísimo mejor.

Lo que más le sorprendió a ella es que mientras estaba dirección a realizar el pago se encontraba súper mal y una vez realizo el pago, pura magia, se empezó a encontrar repentinamente muchísimo mejor. La conclusion es el sabotaje de su mente hacia su persona. Es sorprendente como tu mente puede manipularte sin que tú lo quieras.

Muchos de nosotros no estamos viviendo nuestros sueños porque estamos viviendo nuestros miedos, y los sueños seguirán siendo sueños hasta que no decidamos hacerlos metas y convertirlos en realidad.

¿VAS TOMANDO YA CONCIENCA DE LA IMPORTANCIA DE FIJARTE UNA META?

¡LA ACCION ES BUENA, LA ACCION DIRIJIDA, AÚN MEJOR!

"Un poco de conocimiento que actúa es mucho más valioso que tener conocimiento y no actuar".

Kahlil Gibran

De poco o nada sirve ir acumulando conocimientos, títulos a lo largo de nuestra vida, si no nos decidimos a poner en práctica tales conocimientos.

Todos conocemos personas con varias titulaciones con empleos mediocres por miedo a fracasar, en definitiva, por falta de autoconfianza en sí mismo. Mientras que hay personas que, en cambio, cuentan con la formación justa pero que han pasado a la acción, han creído en un proyecto, en un negocio y han salido adelante sin una formación académica exquisita, solo con la determinación y teniendo claras unas metas.

Es el momento de coger las riendas de tu vida e ir a por tus sueños, ¡tú sabes que puedes llegar a donde te propongas si realmente lo deseas! ¡El querer es el poder!

"Todos tenemos un deber de amor que cumplir, una historia que hacer, una meta que alcanzar. No escogimos el momento para venir al mundo; ahora podemos hacer el mundo en el que nacerá y crecerá la semilla que trajimos con nosotros".

Gioconda Belli

Después de leer hasta aquí, ¿te ha quedado clara cuál es tu meta?

Generalmente todo el mundo me responde "por supuesto que síííí, las tengo claras, el problema es alcanzarlas".

Para alcanzarlas te pondré unas pequeñas pautas que te pueden servir de ayuda en el futuro:

◇ **FIJAR UNA META** ◇

1. Visualizar la meta e ir a por ella, pero una meta específica y clara, describir los detalles de manera clara y sencilla.

2. Poner en marcha las acciones y estrategias que te lleven a ella, algo realista. Sitúalos dentro de tu disponibilidad de recursos conocimiento y tiempo.

3. Define un plazo, ponte un cronograma de tiempo, esto te permite una periodicidad de seguimiento, ejecutando los ajustes necesarios para alcanzar tu meta.

Todas las metas que deseas conseguir deben ser planificadas para que se vuelvan activas en tu mente y, si están en tu mente y lo decretas, como ya está hecho, se convertirá en una realidad.

Nadie alcanza una meta con un solo intento, ni perfecciona la vida con una sola rectificación, nadie camina la vida sin haber pisado en falso muchas veces.

¿Te imaginas que hubiera ocurrido si la primera vez que te dicen que algo no es posible te rindieras?

Te pondré unos claros ejemplos:

KFC

Nadie daba ni un céntimo por el pollo que quería vender el ahora famoso "coronel" Halland David Sanders. Muchísimos restaurantes lo rechazaron hasta que uno de ellos confió en él. Ahora, con su "fórmula secreta", KFC es una de las franquicias más exitosas del mundo dedicada a la comida rápida.

Michael Jordán y su falta de forma

Cuando estaba en secundaria, su entrenador no creyó en él, decía que no estaba en forma para estar con el equipo, entonces fue separado del equipo de baloncesto.

Hoy es considerado entre los tres mejores jugadores de la historia de EEUU.

Luego de ser separado del equipo, comentan que entrenaba más de diez horas al día, solo.

Ha ganado con Chicago Bulls más que cualquier otro jugador y sus beneficios son millonarios.

Una frase interesante de Jordán:

"Algunas personas quieren que algo ocurra, otras sueñan con que pasará, otras hacen que suceda".

Walt Disney

Walt fue despedido porque el director de su periódico indicó que le faltaba imaginación y sus ideas no eran buenas.

Si piensas que comenzó a dibujar y todo fue color de rosa, no es verdad, Walt tuvo muchos negocios que fracasaron, incluso antes del estreno de su primera película, "Blanca nieves".

Y cuando todo le iba bien con los dibujos animados decidió soñar y arriesgar con construir una ciudad para los niños y lo logro.

Coca-Cola

Este producto solo se vendía en farmacias, nadie apostaba ni un centavo por la empresa, es más, en su primer año en el mercado solo vendió cuatrocientas botellas. Esta era una de las empresas en las que nadie creía. En la actualidad cuenta con una estrategia, que es invertir casi la mitad de sus ganancias en publicidad. Y no hace falta que te diga que es una de las bebidas más vendidas nivel mundial.

¿Qué hubiera sido de todos ellos si al primer fracaso se hubieran rendido?

La diferencia entre ellos y el resto es que tenían un claro objetivo, lo tenían claro en su mente, y no se rindieron.

FIJAR UNA META

No debes rendirte jamás y renunciar a tus sueños porque si infinidad de gente ha podido, incluso con todas las adversidades que se encontraron en el camino, tú también puedes lograrlo.

La fuerza de voluntad es necesaria para hacer posible lo que deseamos.

Es una locura odiar a todas las rosas porque una te pinchó o, lo que es lo mismo, renunciar a todos tus sueños porque uno de ellos no se realizó.

La fuerza de voluntad a veces desaparece, se esfuma fácilmente. Para algunos tenerla es más fácil, pero para la mayoría no lo es tanto. En cualquier caso, es necesario esforzarse y entrenarse para mantener una voluntad firme.

La voluntad es la aptitud de decidir y ordenar tu propia conducta, es simplemente tu habilidad para fijarte un rumbo e iniciar tu camino. La fuerza de voluntad es la concentración de energía, reúnes toda tu fuerza y das un salto hacia delante.

Todas las personas exitosas de este mundo utilizan la misma arma para lograr sus metas, ¿sabes cuál es?

No es nada más y nada menos que algo muy sencillo la **visualización**. Visualiza tus logros y decrétalos como una realidad.

Para que te sea fácil poder lograr todo lo que te propongas existe una herramienta, consiste en visualizar en tu mente una imagen lo más clara posible y nítida de lo que deseas alcanzar. Para esto es muy útil utilizar imágenes visuales que te ayuden a recordar tu meta, da igual, una fotografía, un dibujo, una frase de motivación o lo que quieras. Todo vale mientras te recuerde a tu meta.

Estudios recientes han demostrado que los deportistas de élite han mejorado con las visualizaciones. Uno de estos estudios encontró que el mero hecho de imaginar el levantamiento de pesas, causó algún cambio en la actividad muscular. Pero no solo funciona con los deportistas de élite, funciona con todo y para todos, te puede servir para ganar un trabajo, una situación, un negocio, en definitiva, lo que te propongas alcanzar.

Procura practicar la visualización cuando estés más relajado, cuando estés en modo alfa, que es justo después de despertarte y antes de irte a dormir. Son buenos tiempos para esta práctica ya que obtenemos entre otros una serie de beneficios:

* Placentera experiencia de descanso
* Ausencia de ansiedad y tensión
* Concentración sin esfuerzo
* Incremento de la creatividad
* Puede captarse información que no es accesible a través de los órganos de la percepción entre otras cosas

Ten claro el resultado y visualízalo en tu mente. Imagínate qué pasará cuando logres tu objetivo, con detalles, piénsalo como un hecho, decrétalo como un hecho, como si ya fuera real, porque es real en tu imaginación. Trata de involucrar a los cinco sentidos para que sea lo más realista posible, sé constante, se volverá más fácil con el tiempo y se convertirá en tu arma secreta para alcanzar sus metas.

Si la visualización tiene tanto poder es porque crea fotos en tu mente, te ves a ti mismo teniendo todo lo que quieres.

Esto significa que estás generando pensamientos y sentimientos de que lo tienes en el momento presente, y, volvemos a lo de siempre, tener pensamientos positivos te ayudará a obtener más fácilmente cualquier cosa que te propongas.

Recuerda cuando vayas camino a tu meta disfrutar del proceso. En realidad, lo que debes valorar es el camino a tu meta no el conseguir el objetivo final, sino disfrutar durante el esfuerzo y el aprendizaje.

FIJAR UNA META

Por supuesto que conseguirlo es gratificante, pero es solo un momento. El día en que digas "lo conseguí", todo habrá acabado. Y no se puede vivir permanentemente del éxito momentáneo, hay que seguir. Por ello no puedes parar de ponerte más metas al día siguiente, porque más allá de lograrlo, te sientes en esa nube de motivación y energía de poder hacer cualquier cosa que te plantees. En resumen, siempre debes tener metas y sueños.

La clave de una vida feliz es alcanzar metas de las que te sientas orgulloso y tener siempre un propósito que cumplir.

Cuando en nuestras vidas nos planteamos metas, estamos idealizando ese perfecto futuro que te proporcionará muchos beneficios además de ayudarte como persona a crecer y evolucionar. Con una meta estás logrando aumentar tu propia motivación. Tener una vida exitosa dependerá de ti, cuando antes tomes conciencia de ello, mejor. La responsabilidad de ello está en tus hombros.

Cada día al despertar tendrías que formularte la misma pregunta:

¿qué puedo hacer hoy para que mi vida vaya en la dirección que deseo?

Busca a diario mejorar hacia el objetivo marcado, más vale seguir avanzando, aunque sea poco, que quedarte parado ¿no crees?

Si por alguna causa te sientes mal y con ganas de darte por vencido, ahora tienes la opción de elegir. No sigas haciendo lo mismo que hacías hasta ahora porque ya sabes los beneficios que obtienes con ello, que debo suponer que no son los que realmente deseas para ti y supongo que si estás leyendo es porque aún no te has dado por vencido y que quieres este cambio en tu vida. No te dejes acosar por tus malos pensamientos, enfréntate a ellos y lucha por el cambio que deseas con más fuerza que nunca.

La vida, como se dice, no es esperar que pase la tormenta, es aprender a bailar bajo la lluvia. Eso significa que, por muy fuerte que sea la tormenta, mañana saldrá el sol de nuevo, no te frustres porque hasta ahora las cosas no te hayan salido como tú querías, de ello has aprendido mucho como para no volver a cometer errores similares, y de ello también obtendrás algún beneficio.

Si el plan no funciona, cambia el plan, pero no la meta.

¡Confía en ti mismo, esfuérzate, supérate, estoy seguro lo vas a lograr! ¡¡¡Querer es poder!!!

EL FRASCO Y LAS PIEDRAS

Un día un profesor, para dar una lección a sus alumnos, les ofreció una gran enseñanza con un frasco y unas piedras.

Despacio y cuidadosamente colocó las piedras dentro del frasco, de una en una, hasta que no cupo ninguna más. Entonces preguntó a los alumnos:

–¿Está lleno el frasco?

El grupo contestó "sí".

Con una sonrisa en la cara, el maestro sacó un saquito de gravilla y comenzó a verterla sobre las piedras.

A la vez, agitaba el frasco para que la grava fuese ocupando los huecos libres ente las piedras. Cuando ya no pudo poner más grava en el frasco, volvió a preguntar:

–¿Está lleno el frasco?

En esta ocasión, los pupilos respondieron:

–Probablemente no.

El maestro respondió con una sonrisa de complicidad. Sacó en esta ocasión un saquito de arena, y comenzó a echarla

 FIJAR UNA META

sobre las piedras y la grava, rellenando fácilmente todos los espacios. De nuevo realizó la misma pregunta, a la que el grupo contestó con toda seguridad:

–No.

Entonces, nuevamente introdujo su mano en la alforja y esta vez extrajo una botella con agua, vertiendo el líquido sobre el frasco con piedras, grava y arena, hasta que el agua alcanzó el borde.

En ese momento miró a sus alumnos y dijo:

–Bien, ¿qué sacamos en claro de todo esto?

Uno de ellos respondió:

–La conclusión es que no importa como de ocupados estemos, si trabajamos duro y nos esforzamos siempre podremos hacer un poco más de lo que hacemos ahora.

–Esa es una conclusión no solo errónea sino peligrosa –respondió el maestro.

–¿A dónde nos lleva?, ¿nos conduce claramente a la felicidad? No, queridos alumnos. La verdadera enseñanza que podemos extraer es que, si no metemos las piedras en el frasco al principio, luego ya no habrá manera de hacerlo.

¿Cuáles son las piedras en vuestra vida?, ¿tus hijos, tus amigos, tus sueños, tu salud, la persona amada?, ¿o son tu trabajo, tus reuniones, tus viajes de negocio, el poder o el dinero?, ¿perfeccionar la formación?, ¿disfrutar en el trabajo?...

La elección es tuya. Una vez te hayas decidido, pon esas piedras primero. El resto encontrará su lugar.

Si no dedicas parte del tiempo a poner las metas principales por delante de lo demás, entonces estarás usando tu tiempo para cosas menos importantes.

LAS 7 LEYES UNIVERSALES

LAS SIETE LEYES UNIVERSALES

EL KYBALION: LOS SIETE PRINCIPIOS HERMETICOS

"Los principios de la verdad son siete: el que comprende esto perfectamente posee la clave mágica ante la cual todas las puertas del Templo se abrirán de par en par".

El Kybalion

Vamos a adentrarnos en conocer las leyes que rigen el universo:

1- **mentalismo:** todo es mente, el universo es mental.

2- **correspondencia:** como es arriba, es abajo;

como es abajo es arriba.

3- **vibracion**: nada esta inmovil, todo se mueve, todo vibra.

4- **polaridad:** todo es doble, todo tiene dos polos.

5- **ritmo:** todo fuye y refluye, todo asciende y desciende.

6- **causa y efecto:** toda causa tiene su efecto; todo efecto tiene su causa.

7- **género:** se manifiesta en todos los planos.

La primera ley es la Ley del mentalismo

Lo que está en tu mente, está en tu realidad.

La primera de las 7 leyes es la ley del mentalismo, se trata de dos aspectos muy importantes: ¡el todo y la mente, todo es mente! Este principio explica que lo que tú piensas lo manifiestas.

El que se encuentre agobiado por sus problemas, por insolubles que te parezcan, no desesperes, la metafísica es la ciencia máxima que enseña a vivir sabiamente por el medio del correcto uso de las leyes universales.

Todo es mente, el universo es una creación mental, este principio explica que mente es el principio común del universo, que es una energía única, que es la fuerza esencial de la composición química de los elementos. Todo cuanto acontece es mental, que todo lo que existe primero debe nacer en nuestra mente para poderse manifestar y que, de idéntica manera, todo aquello que está en nuestra mente se acaba manifestando en el universo.

Se dice que el universo en el que vivimos, es una creación del todo en cuya mente vivimos, nos movemos y tenemos nuestro ser. Cuando pensamos, de nosotros emana una corriente magnética semejante, hasta cierto punto, a un rayo de luz que llega hasta el alma de las demás personas ejerciendo sobre ellas su influencia. Aun así, los individuos estén separados por largas distancias. Debemos saber que los pensamientos son cosas, es decir, tienen cuerpo, tienen masa al salir de nuestro cuerpo mental, adquieren vida.

Todo es mente si tú lo has pensado y tú lo has creído, tú lo has creado. Todo lo que pensamos se hace realidad, por eso debemos controlar lo que creamos con nuestro pensamiento.

Este principio explica que la mente es el principio común del universo, que es la fuerza y energía única esencial de la composición química de los elementos. La energía mente se manifiesta en una escala infinita de vibraciones, de lo más denso a lo más sutil. La energía del pensamiento humano es capaz de crear la materia cuando alcanza la suficiente densidad vibratoria, pero primero debe nacer en mi mente para poderse manifestar. Ya lo sé, parece fácil de aprender eso de "piénsalo y aparecerá", pero parece que la cosa no funciona... pienso en que soy rico... pero ¿por qué no soy rico?, ¿si pienso que soy amado... por qué me siento solo? Nos da por pensar que solo son palabras bonitas, lo cual es totalmente falso, te lo contaré del modo que yo lo entendí perfectamente:

A veces confundimos la manera de pensar, razón, cerebro y mente.

Cuando uno empieza a conducir lo hace de este modo:

Primero levanto el pie del acelerador. Segundo, piso el embrague. Tercero, pongo primera. Cuarto, quito el pie del embrague. Quinto, acelero hasta llegar a treinta mil revoluciones. Sexto, cambio de marchas... Pero cuando uno ya sabe conducir, cuando se hace con la mente, a menudo no sabe ni que marcha lleva, todo es automático ¿verdad?

Diríamos que la mente es el pensamiento más profundo, el verdadero yo, el cerebro es el cuerpo.

Es decir, que si pensamos una cosa, pero en realidad no la creemos, no funcionará. Primero tenemos que ver qué clase de semillas (los pensamientos) estamos poniendo en el campo (nuestra mente) para que crezca esa planta (realidad).

Pero una vez plantada la semilla, no es suficiente, también habrá que regarla (el agua sería la acción personal).

Con lo cual, debes creerlo firmemente y desearlo de verdad, solo así las cosas se cumplen. Resumiendo, todo lo que llega a la vida de cada persona es porque previamente ha sido atraído por su mente, así existen personas para las que la vida es extraordinaria, mientras que para otras todo es sufrimiento, pero todo esto solo en el contexto de su manera de pensar, sentir y actuar. Si se piensa positivo se tendrá una vida positiva, si piensas en negativo, el universo te dará toda esta negatividad y, por tanto, la infelicidad.

En los negocios ocurre lo mismo, he visto muchísimas personas a las que el negocio les va bastante bien, pero como todo en esta vida, evoluciona constantemente, y por miedo a invertir en renovar maquinaria, hacer publicidad e intentar dar lo que requiere la vida de hoy, el negocio ha ido en descenso. Porque se han centrado en el miedo a perder la inversión, en no poder hacer frente a los pagos que esto implica, por tanto, su mente está enfocada en el fracaso, y si está en tu mente está en tu realidad. Si tu mente se programa para fracasar, fracasarás, pero si por el contrario te mentalizas para ganar, ganarás. Si vas pensando que tu negocio no va bien solo te enfocas en él no va bien. Si vas pensando que te hundirás te vas a hundir porque tu mente se encargará de llevarte hacia el fracaso, pero si por el contrario te enfocas en el salir a delante, solo te enfocarás en el prosperar y, con ello, te enfocarás en encontrar las soluciones para seguir prosperando. **La elección está en tu mente.**

Siempre las limitaciones mentales están dentro de ti mismo, para que lo comprendas te hare una reflexión de los muros mentales.

Una vez un oso que estuvo encerrado en una jaula durante cinco años. El recorría arriba y abajo los seis metros de jaula continuamente, al cabo de los cinco años le quitaron la jaula, pero el oso seguía haciendo lo mismo recorrido, los mismos seis metros como si aún tuviera la jaula, seguía un mismo patrón……porque para el oso, aún estaba encerrado entre unos barrotes.

Son los muros mentales los que nos aprisionan, no los reales.

Se ha demostrado que con otras especies ocurre lo mismo, elefantes o camellos que siempre están atados a una estaca, si un día no los atas, ni se moverán porque después de tantos años atados a una estaca, su mente sigue pensando que por más que tiren, no se van a poder mover del sitio donde están. Por supuesto, de pequeños intentaron huir con todas sus fuerzas, pero al paso de los años y de muchos intentos, su mente ya se resignó y para ellos siempre estarán atados a un poste.

La cárcel más grande no está formada de rejas y barrotes, sino de tus peores pensamientos.

"Si siempre haces lo que siempre hiciste, obtendrás lo que siempre obtuviste"

Anthony Robbins

Hay un cuento que viene a propósito de esta frase:

¿Quién se ha llevado mi queso?

En el cuento se habla de unos ratones que vivían felices porque tenían siempre queso en el mismo lugar, siempre tenían comida. No tenían necesidad de buscarlo, cada vez que salían de casa iban al mismo sitio donde se hallaba el queso y este siempre estaba ahí. Un buen día los ratones salen de su casa en busca del queso y, para sorpresa de ellos, este había desaparecido.

Lógicamente se pusieron muy nerviosos, uno de ellos empezó a llorar y a clamar al cielo.

–¿Ahora qué vamos a hacer?, ¿quién se ha llevado el queso?, esto es injusto, no lo puedo soportar.

El otro en cambio tuvo una actitud totalmente diferente, sabía que se habían llevado el queso, pero que por esto no se acababa el mundo.

La solución podría estar en salir a buscar más queso y eso fue lo que hizo. En cambio, el otro seguía lamentándose y todas las mañanas volvía al mismo lugar a comprobar si se lo habían devuelto, es decir, seguía haciendo lo mismo de siempre. Seguía como habitualmente el mismo patrón, ir al mismo sitio con la esperanza de que la situación cambiase y su queso apareciera.

El otro, en cambio, buscó y buscó, al principio sin resultados, incluso llego a desanimarse, pero sabía que buscando y cambiando la forma en que siempre había hecho las cosas, tarde o temprano aparcería el queso.

Al tiempo de buscar y buscar, finalmente encontró un filón de queso y aprendió que las circunstancias pueden ser adversas, pero con la actitud adecuada, se pueden cambiar. El otro en cambio, se centró en su mala suerte, en la injusticia de la vida y vivió amargado; Tan real como la vida misma.

Muchas veces queremos que las cosas siempre sigan igual, no salirnos de nuestra vida cómoda, de nuestra zona de confort, pero llega un momento que las circunstancias cambian y debemos adaptarnos.

La vida nos pondrá obstáculos, pero, de ellos podemos aprender y superarnos a nosotros mismos. Tenemos la capacidad de cambiar las cosas, pero de ti depende el seguir lamentándote, cosa que no te llevara a nada, o de salir a comerte el mundo donde seguro te deparan cosas muy buenas. Como has oído mil veces "la vida es para los valientes".

Estoy seguro que conoces a gente que ha tenido mil y un obstáculos en la vida y la gente dice "no sé cómo lo hace, pero se sale de todas". Es así, por muy difícil que parezcan las cosas, si otra persona lo ha logrado ¿por qué tú no?

Volvemos a la misma ley porque todo es mental.

"Al igual que un solo paso no hace un camino en la tierra, un solo pensamiento no ha de hacer una ruta en la mente. Para hacer un camino auténtico hay que caminar una y otra vez. Para hacer un camino mental profundo tenemos que pensar una y otra vez la clase de pensamientos que deseamos dominen nuestras vidas".

Henry David Thoreau

El poder de la mente es realmente increíble, tiene un gran potencial, tiene unas grandes capacidades que podemos aprovechar. Los pensamientos muchas veces nos pasan por la cabeza y no les prestamos la suficiente atención. La mente tiene el poder de enfocar tu vida de una forma u otra, de aquí que puedes ver o conocer casos de dos personas que han pasado la misma situación, pero, la percepción es totalmente distinta. Incluso con vivir la misma circunstancia, la han vivido de una forma distinta.

Con la mente y la forma que tienes de enfocar las cosas eres capaz de cambiar el mundo que te rodea, pero tu mente es como un jardín, depende las semillas que plantes, saldrá una cosa u otra. También dependerá de cómo las abones y riegues, es decir, debes ser constante, no solo con pensar algo una vez es suficiente, ni mucho menos. Es el conjunto de todos tus pensamientos que de ellos saldrán tus emociones y por tanto tu vida.

No debes dejar tus pensamientos a su libre albedrío, debes dirigirlos. Te imaginas un mundo sin mapas, ni señalizaciones, ¿todo sin ellas sería más difícil verdad?, más bien podría ser un caos. Imaginas irte de vacaciones a un lugar desconocido y no saber dónde vas, pues es lo mismo, debes dirigir tus pensamientos a tu objetivo, debes guiarles hacia dónde quieres ir, y guiarlos hacia la meta con un claro objetivo.

Ahora imagínate que estás en una serie donde tú eres el protagonista, en este mismo instante estás en medio de un capítulo de la serie de tu vida, pues es ahora cuando puedes decidir cambiar el guion, redactar el final y sacar lo que no te gusta de ella. Tal cual, tienes el gran poder de crear el final que tú quieres. Eres el protagonista y también el guionista, si al final de la serie no te ha gustado lo ocurrido, no culpabilices a nadie, al fin y al cabo, la has redactado y protagonizado tú.

Es ahora, en este mismo momento, cuando puedes cambiar tu destino. En tu poder esta decidir tu rumbo y, por tanto, tu vida desde ahora en adelante.

La segunda ley es la Ley de la correspondencia

Como es arriba, es abajo.

Como es abajo, es arriba.

Como es adentro, es a fuera.

Esta ley de la correspondencia es muy importante, establece que lo de fuera es una proyección de lo de dentro. Tu mundo exterior es un fiel reflejo de tu mundo interior.

Lo que, en resumen, significa que todo lo que hay en nosotros está destinado a regresar. Estamos generando una realidad externa que es correspondiente con nuestra realidad interna.

La ley de la correspondencia consiste en que todo lo que hay en nuestro día a día es nuestra responsabilidad y sucede en sincronía perfecta, pues es el reflejo de nuestros actos. Entonces lo que vemos afuera es un espejo que nos revela lo que tenemos dentro.

De acuerdo con lo que llevamos dentro, atraemos personas y situaciones, de aquí la frase "dime con quien vas…. y te diré quién eres…". Todo lo que nos ocurre, bueno o malo, está reflejando pautas de pensamiento guardadas en nuestra mente.

Las personas positivas nos reflejan nuestra parte más favorable de nuestra conciencia, por el contrario, la gente negativa nos refleja la parte más oscura de nuestra conciencia. Las personas negativas te están diciendo que tienes pautas mentales a sanar, por el contrario, las personas positivas te recuerdan cuál es tu mejor parte mental.

Sabiendo ya esto, todo lo que ha sucedido en tu vida, todo lo que está sucediendo ahora en tu vida y todo lo que va a suceder en el futuro de tu vida, tanto en tu interior y en tu exterior, es algo que generas tú mismo, solamente y únicamente tú. Solo puedes culparte a ti mismo, nunca nadie te ha hecho nada, te lo has hecho tú solo por ignorancia.

Piensa siempre lo que te decían de pequeño, "dime con quien vas y te diré quién eres", ¿sabes por qué? Porque si vibran juntas, también es porque estás a gusto con las personas similares a uno mismo, porque se sienten identificadas. Cuando uno está feliz, ve la felicidad en otros, cuando uno está esperanzado, ve montones de oportunidades en su alrededor, y así en todos los aspectos. Cuando uno está resentido ve montones de resentimiento en su alrededor, cuando uno está enfadado tiende a pensar que los demás tienen una mala actitud, cuando uno está dolido ve que otro parece buscar hacerles daño. Lo que debemos saber es que, en realidad, lo que nosotros somos es lo que terminamos viendo. Cuando uno empieza a cambiar su actitud de forma positiva la percepción del mundo mejora y, por tanto, todo comienza a cambiar de forma positiva.

El verdadero viaje de descubrimiento no consiste en ver nuevos paisajes sino en mirar con ojos nuevos.

¿Qué quieres ver tu?

Lo que veas tú desde tu interior es lo que verás en la vida, si tú vas por la vida de una manera positiva, mirando con ojos de bondad y felicidad, es lo que vas a percibir a partir de ahora.

Te contare un cuento que aún recuerdo:

CUENTO DEL OASIS

A un oasis llega un joven, toma agua, se asea y pregunta a un anciano que se encuentra descansando:

–¿Qué clase de personas viven aquí?

El anciano le pregunta:

–¿Qué clase de gente había en el lugar de donde tú vienes?

–Un montón de gente egoísta y mal intencionada. Estoy encantado de haberme ido de allí –replicó el joven.

–Lo mismo habrás de encontrar aquí –respondió el anciano.

Ese mismo día otro joven se acercó a beber agua del oasis y viendo el anciano le pregunto:

–¿Qué clase de personas viven ahí?

El anciano respondió con la misma pregunta:

–¿Qué clase de personas viven en el lugar de donde tú vienes?

–Un magnifico grupo de personas honestas, amigables hospitalarias, me duele mucho haberlos dejado.

–Lo mismo encontraras aquí –respondió el anciano.

Un hombre que había escuchado ambas conversaciones le pregunto al anciano:

–¿Cómo es posible?, ¿das dos respuestas diferentes a la misma pregunta?

Entonces el anciano contesto:

–Cada uno de nosotros solo puede ver lo que lleva en su corazón. Aquel que no encuentra nada bueno en los lugares donde estuvo, no podrá encontrar otra cosa ni aquí ni en ninguna parte.

Esta sería la ley de la correspondencia, todo es un reflejo de tu interior.

LA GENTE SOLO NOS DEVUELVE EL REFLEJO DE LA FORMA EN QUE LES HABLAMOS.

Tu pensamiento crea tus emociones y juntos hacen tu realidad. Si quieres cambiar como te comportas y la vida que tienes ahora mismo, deberás cambiar tus emociones y deberás también cambiar tus pensamientos. En esta ley también podríamos incluir el *mens sana in incorpore sano*. Si cambias tu pensamiento, cambiarás tu cuerpo y tu salud, o, por el contrario, cuerpo enfermo como manifestación de los pensamientos negativos.

Las personas que tienen una buena salud emocional, las que son realmente conscientes de lo que piensan, son capaces de lidiar con el estrés y los problemas que encontramos en la vida.

La ciencia de hoy en día reconoce que nuestros pensamientos y sentimientos tienen efecto a nivel celular. A veces olvidamos la importancia que tienen los pensamientos para nuestra salud física.

Mantener un buen equilibrio entre la mente y el cuerpo es fundamental, ya que la actitud puede afectar a la forma en que funciona nuestro cuerpo. Nuestros pensamientos están muy relacionados con el sistema nervioso, el sistema nervioso es determinante en los cambios de sangre y en consecuencia las células de tu organismo.

Los pensamientos o emociones están muy involucrados en la salud, ya que dependiendo del estado en el que estés, este genera diferentes tipos de hormonas. Por ejemplo, si estás nervioso o estresado, puedes tener dolores de estómago, incluso nauseas. El estrés puede causar insomnio y todo esto te lleva a una bajada de defensas siendo más probable que contraigas algún tipo de resfriado o gripe. Incluso algunos estudios han demostrado que niveles altos de estrés pueden ir asociados a problemas de corazón, infartos o algún tipo de cáncer. Por otro lado, los sentimientos o pensamientos positivos también influyen en tu organismo. Si tienes pensamientos positivos, eres una persona calmada y positiva, tendrás un sistema inmunológico más fuerte, por tanto, le será más fácil combatir cualquier tipo de virus o adversidad. Las personas positivas tienden a vivir más felices y tener una vida más longeva.

Por tanto, la ley de la correspondencia te dice que lo que eres en tu interior es el reflejo en tu exterior, tus pensamientos más profundos son tu reflejo físico.

Cada mañana al salir de casa tenemos dos opciones, pensar que el día te depara algo malo, salir ya con la sensación que algo te saldrá mal, por consecuencia, nuestro organismo no percibe según tus emociones las cosas de la misma manera, es decir, saldrás de casa con un nudo en el estómago y con más nivel de estrés. Por el contrario, si sales pensando que algo bueno te depara el día, saldrás más animado y relajado.

Tienes que tener en cuenta que en ambos casos del ejemplo es solo una teoría porque tampoco sabes lo que realmente te ocurrirá a lo largo del día. Con esto te quiero decir que, con solo una suposición tuya, ya has logrado que tu cuerpo salga de casa de una forma u otra. Si ya sales de casa con un nivel de estrés y con pensamientos negativos, más fácilmente conseguirás ponerte más nervioso y estresado con cualquier cosa que te suceda. Por el contrario, si ya sales de casa tranquilo y feliz, seguramente te costará más ponerte nervioso ante cualquier adversidad, por lo tanto, tendrás un día más calmado y más feliz y esto te llevará a tener mejor equilibrio físico mental.

¿Por qué importa tanto controlar los pensamientos?

Porque somos fábricas de consecuencias.

Producimos lo que pensamos.

Imagínate un árbol, el árbol de tu vida, en el hay frutos. Los frutos en nuestra vida los denominaríamos 'resultados', ahora fíjate en sus frutos. Los observamos y no nos gustan, son pequeños, no saben bien o no hay la cantidad deseada. Entonces, lo que hacemos la gran mayoría, es enfocamos más y más en los frutos, que son los resultados, pero lo que en realidad crea esos frutos son la semilla que plantamos y las raíces del árbol. Es lo que hay bajo el suelo lo que crea lo que está encima de él, lo que no vemos es lo que crea lo que se ve. Significa que para cambiar los frutos debes cambiar las raíces, para cambiar lo visible debes transformar lo invisible.

Si los frutos no te gustan ahora, ya no puedes cambiar los frutos que están ahora en el árbol, pero si reparas las raíces, las abonas y las cuidas, si podrás modificar los frutos del mañana.

En resumen, es que, si cambias tus pensamientos más profundos, los que no se ven, tus resultados cambiarán, que es lo que sí se ve. Como ya te he dicho en varias ocasiones y no me cansare de repetirte, **si tú no cambias, nada cambia.**

La gente puede hacer un cambio exterior, se creen que, por vestir de un modo más agresivo, serán más duros o más fuertes. O que por vestirse más arreglados, lograrán más fácilmente el éxito, sin pensar que una corbata no te llevara al éxito, el verdadero cambio siempre proviene de nuestro interior. Por eso cualquier cambio que desees en tu vida debes comenzar a cambiarlo desde tu interior, pero no debes cambiar para ser otro, sino de lo que se trata es de cambiar para ser la mejor versión de ti mismo.

Esta ley que dice "como es arriba, es abajo" y "como es abajo, es arriba", con estas mismas palabras, Hermes nos quiso decir que tu mundo interior es un reflejo de tu mundo exterior. Esta ley te dice que puedes saber lo que está pasando dentro de ti solo con analizar lo que está pasando en tu alrededor. Y todo esto ocurrió tres mil años antes que nuestros mejores científicos llegaran a la misma conclusión por medio de las matemáticas.

Esto nos demuestra que la vida, desde siempre, se rige por estas magníficas leyes universales que forman parte de nuestras vidas y ya formaban parte de nuestros antepasados. Las leyes universales han existido desde el inicio de los días, pero la mayor parte del tiempo la humanidad la ha desconocido. Hoy en día todavía hay muchísima gente que las sigue desconociendo, cosa que a mí me sorprende mucho, que en los días que estamos y con toda la información que tenemos, la humanidad siga viviendo, en este aspecto, bajo la ignorancia. Es esta misma razón la que me motiva aún más a difundir a todo el mundo como, aplicando algunos cambios en sus vidas, aplicando estos conocimientos, pueden notar un gran cambio en muchos aspectos de su vida y lograr todos sus propósitos.

La tercera ley es la Ley de la vibración

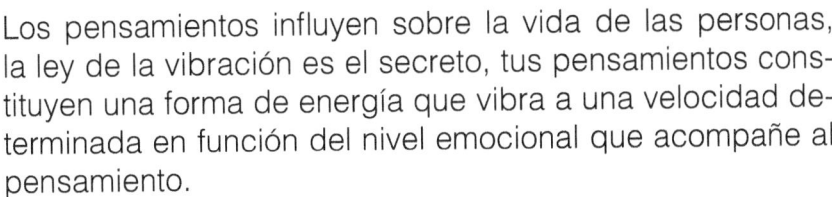

Los pensamientos influyen sobre la vida de las personas, la ley de la vibración es el secreto, tus pensamientos constituyen una forma de energía que vibra a una velocidad determinada en función del nivel emocional que acompañe al pensamiento.

Cuando más excitado o temeroso estés, más rápidamente tus pensamientos irradiarán de ti y atraerán hacia tu vida personas o situaciones afines, todo en tu vida ha sido atraído hacia ti por tu modo habitual de pensar. ¿Te has fijado que los pájaros del mismo plumaje van juntos en bandadas?

Es nada más y nada menos porque vibraciones similares, vibran juntas. La capacidad de dirigir tus pensamientos hacia lo que quieres es la gran maestría de la vida, que no se enseña en el colegio ni en la universidad, tampoco en casa, pero es la base de todo lo que te acontecerá en tu vida.

Dejamos los pensamientos al libre albedrío, generando una serie de circunstancias que no deseas y culpando siempre a causas externas de su falta de resultados, cuando la única y la verdadera causa es que no sabes dirigir bien tus pensamientos y, por tanto, no vibras en la frecuencia de tu deseo.

Todo vibra, si vemos la naturaleza a través de los ojos de un microscopio nos daremos cuenta que está compuesto por millones de partículas que están en continuo movimiento. Todo está vibrando, todo está evolucionado, pero no lo vemos, es como el cabello o las uñas, no lo vemos crecer pero están en continuo movimiento.

Todo en la vida tiene una vibración, positiva o negativa,

que genera causas y efectos positivos o negativos. Este principio está relacionado con la premisa científica lo semejante a lo semejante.

El científico Albert Einstein demostró a la física mundial que todo en el universo es energía, incluido los seres humanos. Por tanto, todo en el universo vibra, nosotros a través de nuestros pensamientos, acciones, palabras tenemos una vibración positiva, atraemos situaciones positivas porque la ciencia nos dice que lo semejante atrae a lo semejante. En cambio, continuamente estamos con vibraciones negativas, atraemos, por el mismo principio científico, situaciones negativas.

Hay días en los que te despiertas mal y...¿qué ocurre? sí, todo te sale mal. Ya se te cae el café de buena mañana, te manchas, tienes que volverte a cambiar, por tanto, llegas tarde al trabajo, sales ya de casa estresado y de mal humor, encima como llegas tarde, discutes con el jefe...Esta espiral la podríamos cortar si decidimos no aceptar esos pensamientos negativos, cambiarlos por pensamientos de gratitud. Agradecer a la vida todo lo que tienes y valorarlo, un simple gesto de cambiar tus pensamientos te puede cambiar muchos aspectos de tu vida.

"Ni tus peores enemigos pueden hacerte tanto daño como tus propios pensamientos".

Buda

Lo que piensas, lo serás; lo que sientas, lo atraerás; lo que imaginas, lo crearás. ASÍ DE SIMPLE.

Tenemos el poder de poder influir en los eventos y circunstancias de nuestra vida. Queda mucho trabajo por delante si realmente quieres lograr la vida de tus sueños, pero el trabajo más importante es el de tu interior. Aprender a vibrar alto, paz interior, sacar todo lo malo para poder atraer a lo bueno siempre con la inteligencia.

Exactamente, te quiero decir que todo está en ti y dentro de tu interior, que no puedes estar pendiente de tu entorno y circunstancias, de la gente ni de nada. La única persona que es capaz de cambiar tu vida eres tú, de la manera en que actúas, pienses o vibres, si empiezas por cambiar esto el resto cambiará de forma automática. Tenemos el poder de cambiar las cosas como lo deseamos, ¿por qué no lo aplicarlo? La ley de la vibración te plantea que una energía emitida de una manera concreta atraerá otra energía idéntica a la proyectada.

En nuestra vida atraemos las situaciones que vibran en la misma frecuencia que los pensamientos, es decir:

Los pensamientos nos llevan a nuestros propósitos,

nuestros propósitos a nuestras acciones,

nuestras acciones a nuestros hábitos,

nuestros hábitos a nuestro carácter,

y nuestro carácter determinan nuestro destino.

Este es el principio que rige nuestro mundo, acéptalo con fe absoluta y podrás liberar todo este poder de creación que tienes en ti.

Te voy a especificar unas claves para que te sea más fácil:

- Busca un objetivo y céntrate en él.
- Trabajar en ti mismo, cuídate, respétate y supera tus miedos o dificultades.
- Saber rechazar aquello que te aparta del objetivo y saber decir no.
- No te límites con los obstáculos que te puedan aparecer.
- Aléjate de todo lo negativo.
- Valora lo que ya tienes ahora.
- Siempre debes vibrar alto lo más que puedas.

> **"Tienes que tomar conciencia de tus pensamientos, debes elegir tus pensamientos cuidadosamente y divertirte con ellos porque eres la obra maestra de tu vida".**
>
> Joseph Vitale

Los índices de vibración se llaman frecuencias, y cuando mayor sea la frecuencia, más se potencia la fuerza. El pensamiento es una de las formas más altas de vibración, es por ello, por esa misma razón, la importancia de pensar en positivo. Si deseamos realmente atraer en nuestras vidas cosas positivas, cada pensamiento es una vibración y cada vibración cambia nuestro cuerpo.

Para poder atraer cosas en nuestra vida es un factor clave tu modo de vibrar.

Aquello a lo que le prestas atención hace que emitas una determinada vibración, y las vibraciones que ofreces equivalen a lo que pides. Por consecuencia, equivale a tu nivel de atracción.

Si ahora mismo deseas algo que no tienes, solo tienes que centrar tu atención en ello y pensar en cómo te sentirás al haberlo recibido. En virtud de esta ley de la vibración lo obtendrás, porque si piensas en lo que tú quieres y lo sientes como si ya lo tuvieras, emites una vibración hacia esa situación u objeto que deseas tener, por tanto, lo atraerás a tu vida.

Ahora bien, si centras tus pensamientos en algo que ahora no tienes, pero tu atención la centras en que no lo tienes, esta ley te seguirá respondiendo a la vibración de que no lo tienes. De forma que seguirás sin obtener nada, la vibración es la frecuencia que emitimos desde nuestro ser hacia el exterior en forma de emociones y sentimientos.

Para que esta ley sea efectiva debemos estar la mayor parte del tiempo posible en buena vibración, es decir, en estado de paz y armonía la mayor parte del tiempo posible.

Desde que descubrí el poder de esta maravillosa ley, la ley de la vibración, todo es más fácil y mi vida es mucho mejor. Solo pienso en lo que quiero y espero que el universo me lo facilite, así de sencillo. Ya no paro a pensar en cómo lo hará, simplemente sé que tengo que pensar lo que quiero, sin dejar que pensamientos negativos me limiten en mi objetivo.

Te voy a contar una pequeña historia que me hizo pensar cuando la leí por primera vez, para que comprendas esta maravillosa ley.

El árbol de los deseos

Un día un viajero llegó a una tierra muy hermosa, se encontraba muy cansado tras el largo camino recorrido. Vio un majestuoso árbol y se sentó bajo su sobra para descansar.

Lo que menos se imaginaba era que se trataba de un árbol mágico que convertía los deseos en realidad. "El Árbol de los Deseos".

Mientras estaba allí sentado pensó en lo estupendo que sería tener un almohadón para apoyar la cabeza. En ese instante, apareció un confortable almohadón.

El viajero se asombró a la vez que se alegró y se acomodó con su estupendo almohadón.

Al mirar las hojas del árbol pensó que le gustaría mucho comer algo caliente, llevaba muchos días comiendo mal y sentía hambre.

Ante él apareció una gran cesta con deliciosa comida y bebida.

Saboreó la comida y quedó más que satisfecho con esas delicias. Al terminar, sintió un poco de frío y pensó en lo bien que estaría con algo para taparse las piernas. Dicho y hecho, apareció una ligera manta que le cubrió.

¿Qué más podría desear?

Estaba tan a gusto que pensó:

Voy a dormir un rato. Lo malo es si pasa por aquí un tigre mientras duermo.

¿Adivinas lo que ocurrió? Correcto, el tigre apareció y lo devoró.

La ley de la vibración es como este árbol de los deseos, atrae hacia ti lo que piensas de forma continuada. Ojo, esta ley no entiende la palabra "no". Si piensas en que no quieres algo, en tu mente está precisamente lo que no quieres y lo atraes hacia ti. Esta ley no entiende el "no", solo entiende en lo que te enfocas, de cierta manera es lo que estás pidiendo, por tanto, lo estás atrayendo a tu vida.

A mí no me gustan nada las despedidas de soltero, pero nada de nada, y me organizaron una junto a mi mujer, ya que si hubiera sido solo no hubiera ido. Mis amigos, como sabían que me mareaba, decidieron hacerlo en un barco, es como la broma pesada de la despedida. Yo cuando vi que me subían a un barco por un momento pensé "uf, qué mala noche me espera", sentí ya la sensación de mareo, ya me veía vomitando por la borda. Pero cuando el barco arrancó, cambié mi pensamiento y me dije a mí mismo "pues mira, si me mareo pues ya vomitaré" y me centré en disfrutar de aquella noche rodeado de amigos y mi mujer. La sorpresa es que, después de horas de estar en el barco, no me mareé en absoluto y logré pasar una gran noche. Si te pasas todo un viaje pensando "no me quiero marear, no me quiero marear", lo más probable que termines mareándote porque te estás enfocando en el mareo. Por lo contrario, si cambias el pensamiento por algo positivo y te centras en otras cosas, seguramente te pasará el viaje y ni te enterarás y, por supuesto, no te marearas. Cambiar el enfoque de las cosas es muy importante para todo en la vida.

Este simple gesto de cambiar de pensamiento, a mí, en este aspecto, me ha servido para poder seguir subiendo a barcos sin marearme. He seguido disfrutando de pequeños placeres que antes no sabía que podía realizar, pero en cuando me di cuenta de que, si se podía, me ha brindado la oportunidad de poder seguir haciendo lo que quería sin preocuparme de nada.

La cuarta ley es la
Ley polaridad

Así lo vemos:

Frente al frío está el calor.

Frente a lo negro esta lo blanco.

Frente al mal está el bien.

Frente a la escasez esta la abundancia.

Frente al amor está el odio.

Aparentemente antagónicos, los dos extremos de una misma cosa.

Todas las verdades son semiverdades, todas las paradojas pueden reconciliarse.

La ley de la polaridad explica que lo que existe o separa a cosas diametralmente opuestas es solamente cuestión de grados y afirma que todo par de opuestos pueden reconciliarse mediante la aplicación de este principio.

Cuando decimos que toda la verdad es relativa o que toda la verdad es una verdad a medias es porque no hay nada definitivo, todo es y no es al mismo tiempo.

Por ejemplo, si un hombre, ya sea a pie, en coche o en avión, se pone a viajar rumbo al norte, llegará un punto que ya estará en el centro del norte. Y si sigue en la misma dirección, que seguía hasta ahora, ya estará viajando hacia el otro extremo, el sur, o sea, hacia el polo opuesto.

Lo mismo ocurre con el amor y el odio. Si aplicamos esta ley, no existe un amor absoluto ni un odio absoluto, solo son términos aplicados a los polos de una misma cosa. En cualquier punto de una escalera, si ascendemos encontraremos más amor y menos odio. Si, por el contrario descendemos, encontraremos más odio y menos amor.

Todos en algún momento de la vida hemos tenido un desamor. Seguramente has estado muy enamorado de una persona, pero si algún día te das cuenta que te ha engañado o te ha decepcionado mucho en algún aspecto, has pasado al otro polo, el del odio. De aquí el dicho de que "del amor al odio solo hay un paso".

Frío no es lo contrario de calor, es, ni más ni menos, que el otro polo de la misma manifestación: la temperatura.

Blanco no es lo contrario de negro, es, simplemente, una longitud de onda de luz distinta que nos permite ver los colores diferentes.

En lo que se refiere al dinero, tú ahora mismo tienes un cierto nivel, cada uno de nosotros distinto, pero si inviertes y generas dinero, te estarás elevando a el extremo de la abundancia. Pero, si por el contrario, pierdes lo que tienes, te bajarás a una escalera inferior de la que estás ahora, es decir es el mismo concepto la riqueza, pero en polos diferentes: riqueza o pobreza.

Buda nos enseñó con sus palabras:

"La felicidad es posible siempre y cuando escojamos el camino del medio".

La ley de la polaridad es el mecanismo por el medio del cual el universo mantiene su estado de equilibrio. A nivel subconsciente, nuestro cuerpo lo sabe, nuestras reacciones involuntarias siempre unifican la polaridad para obtener mejores resultados.

Si vas a correr hacia delante, tu cuerpo se echa primero hacia atrás; si intentas saltar hacia arriba tu cuerpo toma impulso yendo primero hacia abajo.

Si llorando llegas al final de tus lágrimas, entonces reirás, y si riendo alcanzas el extremo de tu risa, entonces llorarás; si te duchas con agua fría saldrás con calor, pero un baño de agua muy caliente te producirá frío.

El abuso de comida te conducirá a una dieta estricta y la dieta estricta de vuelta al abuso de la comida. A todos nos ha ocurrido alguna vez que haciendo dieta, el día que dices "me la salto", ha sido por todo lo alto, sin control, ¿verdad?

Sería la misma filosofía que el *yin yang*:

El punto negro sería el mal,

el punto blanco sería el bien,

el punto negro dentro de la mitad blanca sería el mal que hay dentro del bien,

el punto blanco dentro de la mitad negra sería el bien que hay en lo malo.

Y si juntas las dos mitades formando del *yin yang* es: la vida.

Esta filosofía explica la existencia de dos fuerzas opuestas pero complementarias que son esenciales en el universo.

Yin, asociado a lo femenino, la oscuridad, la pasividad y la tierra.

Yang, vinculado a lo masculino la luz, lo altivo y el cielo.

Según esta filosofía, ambas energías son necesarias para mantener el equilibrio universal. Para entender mejor toda esta ley de la polaridad, la filosofía del *yin yang* vendría a ser como este claro ejemplo:

Las estaciones: existe el verano que sería *yang* y el invierno que sería *yin.*

Entremedias tenemos el otoño que sería *yang* transformándose en *yin*; y la primavera que sería el *yin* transformándose en *yang*

Te contaré una preciosa leyenda para que nos ayude a entender mejor estos términos.

La leyenda de dos lobos

Una mañana un viejo cherokee le contó a su nieto una batalla que ocurre en el interior de las personas.

Un anciano dijo:

–Hijo mío, la batalla se da entre dos lobos que están dentro de todos nosotros. Uno es malvado. Es ira, envidia, celos, tristeza, pesar, avaricia, arrogancia, autocompasión, culpa, resentimiento, soberbia, inferioridad, mentiras, falso orgullo superioridad y ego.

»El otro en cambio es bueno. Es alegría paz, amor, esperanza, serenidad, humildad, bondad, benevolencia, amistad empatía, generosidad, verdad, compasión y fe.

»La misma batalla ocurre dentro de ti y dentro de cada persona también.

El nieto lo medito por un minuto y luego pregunto a su abuelo:

–¿Qué lobo gana?

A lo que el abuelo le respondió:

–¡Aquel que tú alimentes!

Esta leyenda es una lección que representan las dos fuerzas o los dos polos que tenemos destinados a existir en nuestro interior. Pero la verdadera lección sería que no es un juego de fuerzas, sino un equilibrio entre el lobo blanco y el lobo negro. La leyenda de los dos lobos supone una valiosa lección emocional.

Nos dice que la correcta distribución del alimento entre los dos lobos es uno de los factores clave que definen nuestra calidad de vida. Piensa en cómo interactuar con esas fuerzas de tu interior, el modo en que lo hagas determinará tu vida. En lugar de matar a uno de los lobos, elige guiarlos por un buen camino a los dos, mantener, como te decía, el equilibrio por el camino del medio de los dos polos, de la fabulosa ley de la polaridad.

Lo mismo ocurre en los negocios, tengo un amigo que trabajaba para una empresa. Él era bueno en su trabajo, muy bueno, pero los beneficios que obtenía no eran los que merecía tener. Un día cansado de trabajar como trabajaba por cuenta ajena, decidió empezar un nuevo negocio, sí, su negocio. En muy poco tiempo ya empezó a subir la empresa, ya te he dicho que era muy trabajador y bueno en su campo.

Hace poco lo encontré y lo vi agotado, cansado, y le pregunté qué tal la empresa y me dijo que genial, que no paraba de trabajar, incluso ya tenía una buena plantilla de trabajadores a causa de la demanda que tenía. Pero le dije "pues, ¿por qué estás tan decaído?, me respondió que sí, que tenía mucha faena y muchos ingresos, y esto seguía subiendo pero que, claro, los trabajadores… pues un día uno estaba malo o no cumplían del todo sus obligaciones, y claro, me respondió, estoy agotado.

Y me preguntó:

–¿Por qué no todo puede estar bien?

Mi respuesta fue:

–Te conviene superar esta dualidad que, a veces parece difícil o muy complicada, como ocurre en la vida muchísimas veces, la vida nos pondrá obstáculos. Todo esto se refiere que a veces te irá la empresa genial, pero por la ley de la polaridad también te irá mal en algún aspecto como el de personal de los trabajadores. La clave siempre está en mantener un buen equilibrio entre ambos polos de la misma empresa.

Es por esta misma ley que un mismo producto que está en el mercado a la venta, puede encantar o, para algunos, ser un horror. Para las demás personas todo y, siendo el mismo producto, vendría a ser los polos de una misma cosa o producto. Con eso solo te quiero advertir que en el mundo de los negocios te conviene estar al tanto de la dualidad y de la polaridad de la vida. Esto trata de que lo positivo y lo negativo va encaminado a que te vuelvas tu mejor versión, porque descubrirás que dentro de la negatividad siempre hay una parte positiva en ello. Por tanto, aprenderás a mantener un buen equilibrio de esta ley, la ley de la polaridad.

También podríamos decir que cuando la forma habitual de pensar o hacer algo se remplaza por una manera nueva y diferente, conseguirás que las cosas sean lo contrario de lo que realmente son.

La quinta ley es la
Ley del ritmo

¿Qué es un péndulo?

Resulta de lo más interesante ver un reloj de pared. El reloj no solo para saber las horas, también para reflexionar un poco.

Sin el péndulo el reloj no funciona, de aquí la importancia de la ley del ritmo. Todo fluye y refluye; sube y baja; crece y decrece; va y viene de acuerdo con esa ley maravillosa.

Nada tiene de extraño que todo oscile, que todo esté sometido al vaivén del tiempo, que todo evolucione e involucione.

En un extremo del péndulo esta la alegría, en otro está el dolor. Todas nuestras emociones pensamientos logros, deseos oscilan de acuerdo con la ley del ritmo:

Pesimismo y optimismo

Esperanza y desesperación

Pasión y dolor

Ganancia y perdida

¡¡TRIUNFO Y FRACASO!!

Podríamos pensar que la ley del ritmo no es más que una mala pasada de nuestra cabeza, otro de los laberintos donde nos metemos que no nos llevan a ningún lado. Sin embargo, aunque no suponga la solución de muchos aspectos y en ciertos momentos nos suponga una dificultad extra, el movimiento pendular es necesario para sentirnos libres de elegir, una vez probados los dos extremos, conocidos los pros y los contras de cada uno. Por tanto, tenemos más criterio para decidir en qué parte queremos situarnos. Además, también podremos reconocer en nosotros mismos desviaciones hacia alguno de los extremos pudiendo reconducirlos. Es muy importante tratar de encontrar el equilibrio entre ambos extremos, que es donde encontraremos bienestar emocional. En el punto medio no es bueno estar súper eufórico todo el día porque cualquier decepción te va a llevar al otro extremo muchísimo más rápido, y te encontrarás justo al revés, triste y pesimista.

Un buen ejemplo, para que me entiendas, sería una relación. A todos alguna vez nos ha podido ocurrir, en más o menos escala, que empiezas una relación con una persona, te encanta, estás enamorado, levitando. Todo es maravillosamente maravilloso hasta que un día, por una decepción o cualquier causa, te llevas una desilusión y estás ya al otro extremo, la odias. Tenemos que buscar unos hábitos para poder controlar nuestro estado emocional que es muy importante para estar en equilibrio, para poder conectar con tu fuente de energía y poder lograr tus sueños.

¿Cómo controlar tus emociones?

Para poder controlar tus emociones debes buscar el bienestar emocional, que consiste en la capacidad de manejar las emociones. Esto no quiere decir que se deban reprimir estas, sino todo lo contrario, reconocerlas y aceptarlas. Sentirse cómodo cuando se manifiestan las emociones desagradables es sinónimo de equilibrio emocional.

Quererse a uno mismo es fundamental. Debes aceptarte cómo eres y siempre sacar tu mejor versión. Siempre estamos pendientes de ser lo que los demás quieren que seamos, esto perjudica nuestro bienestar mental y, por tanto, el bienestar físico y social. Encontrarse con uno mismo es una prioridad para el equilibrio emocional y, en muchas ocasiones, esto requiere voluntad.

Debemos aprender a elevar nuestra vibración para poder mantener el péndulo equilibrado.

EL UNIVERSO NO CASTIGA NI BENDICE, EL UNIVERSO RESPONDE A LA ACTITUD Y A LA VIBRACION QUE EMITES.

¿CÓMO ELEVAR NUESTRA VIBRACIÓN?

Cuando tú eres realmente feliz es cuando tú vibras más alto. Dicen que la felicidad es una decisión, entonces debemos decidir ser felices y hacerlo ahora, vivir al máximo cada momento de nuestra vida. El pasado ya se fue y el futuro es incierto, queda claro que el "ahora" es lo más importante y lo que tenemos es una decisión para aumentar tu felicidad.

Si lo que te estoy contando te ha quedado claro, piensa en que harás al cerrar este libro. Debes buscar cosas de la vida que te aporten tu felicidad, un buen ejercicio sería buscar pequeñas cosas que te hagan sentir esta felicidad y empezar por aquí.

Hay placeres de la vida que nos aportan felicidad y nos privamos día a día, poco a poco. Puede parecer una tontería, pero pequeñas cosas a diario que te aporten felicidad aportan mucho a corto plazo y cuantas más incluyas, más y más feliz vas a estar contigo mismo. Te pondré unos pequeños ejemplos:

Andar bajo la lluvia

Salir con amigos a tomar algo

Ir descalzo por casa

Gritar cuando te apetezca y tan alto como quieras

Tomarte un café en tranquilidad, solo

Salir a andar…

Ahora apunta aquí alguna de las pequeñas cosas que vas a empezar a hacer hoy mismo que te aporten bienestar. En cuando lo hayas anotado, hazlo, pero no solo hoy, cada día. Y debes ir incluyendo cada vez más cosas.

Esas pequeñas acciones realizadas en el día a día son acumulativas, y en realidad son grandes acciones a término medio. Y es que es en los pequeños cambios es donde notaremos una gran diferencia en cuanto a elevar nuestra vibración.

La definición de vibración es 'la frecuencia que emitimos desde nuestro ser hacia el exterior en forma de pensamientos emociones y sentimientos'. Según tu pensamiento, así serás; según tu emoción, así harás; según tu acción, así tendrás.

Vamos a hacer una lista de cosas que te ayudaran a elevar tu vibración:

1. Quiérete y respétate diariamente.
2. Dormir bien cada día las horas suficientes
3. La rutina es importante.
4. Criticate constructivamente para poder seguir creciendo.
5. Deja la envidia de lado.
6. Diviertete.
7. Cuida tú salud física.

Estos son algunos de los ejemplos que te ayudarán a estar mejor contigo mismo. No hay nada más importante en la vida que tú mismo. Si tú no estás bien tampoco podrás aportar toda la felicidad que merece tu entorno, porque cuando tú vibras más y más alto de forma regular, inevitablemente vas a precipitar cambios en tu entorno y seres queridos.

La verdadera felicidad está en cuando lo que piensas, lo que dices y lo que haces están en armonía. Así que vamos a buscar nuestra armonía interior. Solo sabiendo quiénes somos y buscando nuestro equilibrio interior lo lograremos.

"Solo existen dos días al año en que no podemos hacer nada: uno se llama ayer y otro mañana. por tanto, hoy es el día ideal para amar, crecer, hacer y principalmente vivir".

Dalai Lama

La sexta ley es la Ley causa y efecto

El universo es un sistema perfecto gobernado por leyes universales e inquebrantables que rigen su funcionamiento.

La ley de la causa y efecto es una de las leyes universales, una de las más fundamentales, siempre ha sido aplicada por los grandes maestros.

Hace ya varios siglos Newton fundamentó las leyes de la física clásica. Entre ellas, se encontraba la ley de la acción-reacción. Establece que siempre que un objeto ejerce una fuerza sobre un segundo objeto, este ejerce una fuerza de igual magnitud y dirección, pero en sentido opuesto sobre el primero. A cada acción siempre se opone una reacción igual, pero en el sentido contrario.

Toda acción, recibe una reacción opuesta y de igual magnitud.

Uno de los poderes más grandes que existen en el universo es el dar para recibir. "Lo que das, recibes" esto significa que si tú das amor, dependiendo de la cantidad de amor que des tú, se te devolverá. si tú das dinero, dependiendo de lo que tú des, recibirás. Si tú ayudas a la gente de corazón, serás querido y ayudado. Todo tiene un precio, si no das, no vas a recibir, es **la ley de causa y efecto**

El canal que tú amarás es el canal en el que más rápido te llegarán las recompensas. Cuando mayor sea tu aportación hacia el universo, mayor será la recompensa, pero primero te enseñaré a dar las gracias más sinceras para que cuando te llegue alguna cosa en la vida. Es de mucha importancia saber ser agradecido con todo y para todo.

Las gracias se tienen que dar siempre de corazón, que son las gracias verdaderas. Te pondré un ejemplo con el que entenderás mucho mejor a lo que me estoy refiriendo:

Imagínate que vas por la calle y llevas a tu hijo, hija, sobrino o a alguien muy especial de la mano. De repente, esta persona cruza la carretera sin ver que se precipitaba un coche hacia ella. Están a punto de atropellar a este ser que tú tanto quieres y tú sin poder hacer nada, no tienes ya tiempo. Repentinamente y de la nada, aparece una persona y le salva la vida tirando de ella a un lugar seguro. Gracias a la persona que apareció en el momento justo no ha ocurrido una desgracia, ahora imagínate como le darías tú las gracias.

¿Entiendes este tipo de gracias?

Son las gracias de corazón.

Cuando la gratitud es absoluta, las palabras se dicen con el corazón; y es muy importante que así sea para que el universo te escuche.

Entre más agradecido seas más cosas que agradecer te llegarán.

Tus pensamientos influyen muchísimo en el modo de pedir y de recibir, por eso, a partir de ahora, es importante que pidas y agradezcas las cosas de corazón.

"No estanques tus pensamientos en lo que fue o no fue, alimenta tus pensamientos de todo lo bueno que te rodea y agradece por todo lo que tienes. sé afradecido y el universo te lo agradecerá".

Leo Pavoni

La biblia dice que dar tres veces las gracias es darlo por hecho y ya es una realidad. Yo digo también gracias por lo que tengo, gracias por lo que soy, gracias por lo que está por llegar. ¡En realidad da igual como tú le quieras dar las gracias por todo al universo, mientras sean siempre las más sinceras que puedas dar!

Una vez sepas dar las gracias más sinceras, todo fluirá mejor y aplicarás muchísimo mejor todas las leyes. Y la más importante que te contaré en este libro, que es conectar con tu fuente de energía, para conseguir todo lo que tú te propongas.

Un hombre estaba perdido en el desierto, destinado a morir de sed. Por suerte, llegó a una cabaña vieja, desmoronada, sin ventanas, sin techo.

El hombre anduvo por ahí y se encontró con una pequeña sombra donde acomodarse para protegerse del calor y del sol. Mirando alrededor, vio una vieja bomba de agua toda oxidada. Se arrastró hacia allí, tomó la manivela y comenzó a bombear, a bombear y a bombear sin parar, pero nada sucedía.

Desilusionado, cayó postrado hacía atrás y entonces notó que a su lado había una botella vieja. La miró, la limpió de todo el polvo que la cubría y pudo leer que decía: "Usted necesita primero reparar la bomba con toda el agua que contiene esta botella, mi amigo. Después, por favor, tenga la gentileza de llenarla nuevamente antes de partir".

El hombre desenroscó la tapa de la botella y vio que estaba llena de agua… ¡llena de agua! De pronto se vio en un dilema: si bebía aquella agua, él podría sobrevivir, pero, si la vertía en esa bomba vieja y oxidada, tal vez obtendría agua fresca, bien fría, del fondo del pozo y podría tomar toda el agua que quisiese, o tal vez no; tal vez la bomba no funcionaría y el agua de la botella sería desperdiciada.

¿Qué debía hacer?, ¿derramar el agua en la bomba y esperar a que saliese agua fresca… o beber el agua vieja de la botella e ignorar el mensaje?, ¿bebía perder toda aquella agua en la esperanza de aquellas instrucciones poco confiables escritas no se sabe cuánto tiempo atrás?

Al final derramó toda el agua en la bomba, agarró la manivela y comenzó a bombear y la bomba comenzó a rechinar, pero ¡no pasaba nada! La bomba continuaba con sus ruidos y entonces de pronto surgió un hilo de agua, después un pequeño flujo y finalmente el agua corrió en abundancia... Agua fresca, cristalina.

Llenó la botella y bebió, la llenó otra vez y tomó aún más de su contenido refrescante. Enseguida la llenó de nuevo para el próximo viajante, la llenó hasta arriba, tomó la pequeña nota y añadió otra frase: "Créame que funciona: usted tiene que dar toda el agua antes de obtenerla nuevamente"

La ley de CAUSA Y EFECTO de la que estábamos hablando, dar para recibir, según tú des, recibirás. Dar y luego recibir. Este es el punto de partida en este mundo en el que vivimos a veces nos puede parecer insignificante lo que individualmente podemos aportar, pero créeme, cada uno de nosotros somos realmente importantes. Te puedes creer que eres como una gota de agua en el océano, pero un océano sin una gota de agua siempre sería menos.

LA VIDA SUELE SER COMO UN ECO. ¿NO TE GUSTA LO QUE ESTÁS RECIBIENDO? OBSERVA LO QUE ESTÁS EMITIENDO.

En mi pueblo son gente de campo y siempre dicen:

"LO QUE SEMBRARAS, COSECHARÁS"

¡Y yo digo también que, si sabes lo que siembras, no le temerás a la cosecha!

Es una gran verdad, para recibir tienes que dar. Pero no por interés, así no funciona la vida y el universo. Si das es porque quieres dar, si quieres amor pero tú no das amor ¿qué crees que sucederá? Si tú no das, no puedes recibir y así con todas las áreas y aspectos en la vida.

NO EXIJAS DE LOS DEMÁS AQUELLO QUE NO ESTÁS DISPUESTO A DARLES TÚ.

DANDO APRENDES A RECIBIR, RECIBIENDO APRENDES A DAR. Vivimos en un mundo donde la avaricia puede más que los actos de buena fe, pero, al fin y al cabo, en esta vida hemos venido sin nada y nos iremos sin nada.

"ORO PODER Y RIQUEZAS MURIENDO HAS DE ABANDONAR, AL CIELO SOLO TE LLEVAS LO QUE DES A LOS DEMÁS".

Las últimas palabras de Steve Jobs, el creador de Apple. Esta es la carta que dejó antes de morir una persona que alcanzó el éxito empresarial:

He llegado a la cima del éxito en los negocios.

A los ojos de los demás, mi vida ha sido el símbolo del éxito.

Sin embargo, aparte del trabajo, tengo poca alegría. Finalmente, mi riqueza no es más que un hecho al que estoy acostumbrado.

En este momento, acostado en la cama del hospital y recordando toda mi vida, me doy cuenta de que todos los elogios y las riquezas de la que yo estaba tan orgulloso, se han convertido en algo insignificante ante la muerte inminente.

En la oscuridad, cuando miro las luces verdes del equipamiento para la respiración artificial y siento el zumbido de sus sonidos mecánicos, puedo sentir el aliento de la proximidad de la muerte que se me avecina.

Solo ahora entiendo, una vez que uno acumula suficiente dinero para el resto de su vida, que tenemos que perseguir otros objetivos que no están relacionados con la riqueza.

Debe ser algo más importante:

Por ejemplo, las historias de amor, el arte, los sueños de mi infancia…

No dejar de perseguir la riqueza, solo puede convertir a una persona en un ser retorcido, igual que yo.

Dios nos ha formado de una manera que podemos sentir el amor en el corazón de cada uno de nosotros, y no ilusiones construidas por la fama ni el dinero que gané en mi vida, que no puedo llevarlos conmigo.

Solo puedo llevar conmigo los recuerdos que fueron fortalecidos por el amor.

Esta es la verdadera riqueza que te seguirá; te acompañará, le dará la fuerza y la luz para seguir adelante.

El amor puede viajar miles de millas y así la vida no tiene límites. Muévete adonde quieras ir. Esfuérzate para llegar hasta las metas que desea alcanzar. Todo está en tu corazón y en tus manos.

¿Cuál es la cama más cara del mundo? *La cama de hospital.*

Usted, si tiene dinero, puede contratar a alguien para conducir su coche, pero no puede contratar a alguien para que lleve su enfermedad en lugar de cargarla usted mismo.

Las cosas materiales perdidas se pueden encontrar. Pero hay una cosa que nunca se puede encontrar cuando se pierde: la vida.

Sea cual fuere la etapa de la vida en la que estamos en este momento, al final vamos a tener que enfrentar el día cuando la cortina caerá.

Haga tesoro en el amor para su familia, en el amor por su esposo o esposa, en el amor por sus amigos…

Trátense bien y ocúpense del prójimo.

El día de nuestra muerte solo nos llevaremos con nosotros

a nuestros recuerdos y nuestra conciencia, no vale la pena la avaricia, más vale tener una buena conciencia, la recompensa de haber vivido una vida feliz y de haber aportado algo especial a la gente que nos han conocido.

Da y tendrás en abundancia, la generosidad no es más que la piedad de los espíritus nobles, y el modo de dar vale más de lo que se da.

¡Si tienes mucho, da mucho; si tienes poco, da poco, pero da siempre!

¿Tienes mucho? da tus bienes y ¿tienes poco? ¡da tu corazón!

La generosidad es una de las claves para la felicidad. Distintos estudios demuestran que el acto de dar, ya sea tiempo dinero o cariño a aquellos que lo necesitan, ayuda a mejorar nuestro estado de ánimo y nuestra salud mental. Dar también alimenta nuestra alma y conciencia, y es una de las claves para lograr nuestra felicidad.

Yo ya de pequeño no tenía bienes, pero si tenía tiempo y ganas de ayudar a la gente, es una de las cosas con las que ya he nacido. Pues si veía a alguien por la calle al que yo podía ayudar, sin dudarlo, ya lo hacía. Tampoco sabía porque tenía aquel impulso o necesidad de ayudar a un anciana a llevar la compra hasta su casa, pero lo hacía. Lo que si recuerdo era la cara de agradecimiento con la que me miraban al ver a un niño pequeño haciendo un acto de buena fe, y era esto lo que me llenaba de orgullo mi corazón, el saber que había podido ayudar a alguien. Y este hoy en día sigue siendo mi propósito de vida, seguir ayudando a la gente tanto como pueda, que por mi suerte, yo no he perdido.

Con el tiempo la gente va perdiendo las ganas de ayudar a los demás. Por ejemplo:

En el mismo día en el que apuñalaron a mi hermano, por la noche, algo dentro de mí se rompió. Esa creencia de que todo el mundo tenía bondad en su interior, para mí fue como un jarro de agua helada por encima. El pensar que había gente que podía agredir por nada o robar a alguien que tampoco tiene nada.... Me costaba creer que pudiera existir gente así y lo que más me costaba entender era ¿por qué?, ¿por qué lo hacían?

Yo esa noche, estando en el hospital, esperando si hermano se agarraba a la vida o moría. Mientras él luchaba entre vivir o morir, yo también estaba luchando si seguir creyendo en las creencias que tenía por naturaleza de que todo el mundo era bueno o, por el contrario, desconectar definitivamente con mi fuente de energía. Y aquí es donde mis padres hicieron el mejor acto que podían hacer hacia mí, contándome que este acto tan horrible que había ocurrido no era normal, que no todo el mundo era malo, que había sido una cosa puntual que no cabía en la cabeza de nadie, que no me asustara. Y fue en el momento que volví a conectar con las creencias que tenía de nacimiento, confiando otra vez más en el universo.

Aquí podían haber ocurrido dos cosas: una que hubiese tenido un trauma y unos miedos para toda la vida, que aún tendría en mi interior ahora mismo si mis padres no me hubiesen ayudado, con sus palabras para distraer mis pensamientos negativos hacia esas personas.

La otra opción era que si no me hubiesen contado nada y hubiese empezado a ponerme limitaciones mentales pensando que la humanidad era mala. Ahora mismo sería una persona desconfiada y muy distinta a la que soy y seguramente sin ganas de ayudar a nadie.

Ahora piensa en algunas limitaciones que arrastras desde pequeño que tú no te has dado cuenta pero que, poco a poco, pequeñas circunstancias te han hecho cambiar el modo de actuar y de ser. Algunas las has cogido ya en el colegio, otras en el transcurso de la vida, otras por las circunstancias vividas y el conjunto de experiencias te convierten en un desastre. Sin ganas de ayudar y confiar, perdiendo así tu verdadera esencia de la persona que eras el día en que naciste. Todo esto que te voy contando tiene mucho que ver en el dar para recibir porque si tú no hubieses vivido todas experiencias no serías quien eres ahora mismo y, dependiendo de cómo te hayan limitado, es en la persona que te has convertido a día de hoy.

Por suerte estás aquí leyendo este libro de *7 secretos* que transformará tu vida sacándote todas las limitaciones para que vuelvas a ser tú, en todo tu verdadero esplendor y poder brillar.

¡¡¡PIENSA QUE ESTÁS EN ESTE MUNDO PARA PODER BRILLAR COMO UN DIAMANTE!!!

La séptima ley es la Ley generación o género

El género está en todo, la palabra género se deriva de la raíz latina que significa 'engendrar, procrear, generar, crear, producir'.

Esta ley o principio manifiesta que el género se encuentra en todo. El principio femenino y masculino están presentes y funcionan en cada uno de los planos de la vida

Todo tiene sus principios masculino y femenino, todo tiene un padre y una madre.

Este principio opera siempre en la dirección de la generación y de la creación, su verdad es que la energía masculina y femenina están siempre presentes y funcionando en todos los planos físico y mental, emocional, espiritual.

Todo tiene un género activo masculino o receptivo femenino.

Este principio de género trabaja siempre en la dirección de la generación y creación. Toda cosa o persona contiene dos elementos o principios, o este gran principio dentro de sí, de él o de ella. Nada puede generarse sin que el principio padre, madre, se encuentre presente. De la unión de estos dos polos surge la creación.

El principio masculino es atraer, estimular, sembrar, dirigir.

El principio del polo femenino es recibir, germinar, reproducir, dar forma.

El ejemplo más próximo sería que los hombres poseen en su interior una parte femenina/receptiva y las mujeres una parte masculina/activa independiente de su sexo biológico y de sus preferencias sexuales. Debemos recordar aquí que una mitad de nuestros cromosomas son paternos y la otra mitad maternos, por lo que todos sin excepción llevamos en nuestro interior tanto hombre como mujer.

Todo ser contiene la esencia de ambos elementos de este principio femenino y masculino, todo lo relacionado con la generación, regeneración y creación está basado en este principio que contiene la solución de muchos misterios de la vida.

SUBCONSCIENTE

SUBCONCIENTE

Tu mente tiene la parte del subconsciente, la que actúa sin que tú decidas lo que ocurre. Esta parte actúa desde los miedos, recuerdos y experiencias vividas.

Tu subconsciente es treinta mil veces más poderoso que tu mente. Si realmente te dieras cuenta de que tan poderoso son tus pensamientos, nunca tendrías pensamientos negativos. La inmensa mayoría de las veces no nos creemos capaces de algunas circunstancias o situaciones, no porque no seamos realmente capaces, sino porque es nuestro subconsciente el que nos traiciona y nos pone a prueba.

Es hora de empezar a cultivar en nuestra mente un jardín de pensamientos positivos, de paz y felicidad, y aceptar esas cualidades en tu mente consciente, es decir, en la mente que razona. Y te sentirás capaz de realizar tus proyectos, deseos y planes que quieras lograr.

Un médico psiquiatra suizo decía que "hasta que lo inconsciente no se haga consciente, el subconsciente seguirá dirigiendo tu vida y tú le llamarás destino". Tus sueños se cumplen desde de la fuerza más poderosa que tenemos, que se halla oculta en tu mente subconsciente, es el origen del que parte la materialización de cada uno de tus sueños.

Hicieron un experimento con un grupo de monos, los tenían en una habitación, les ponían plátanos en la parte de arriba del árbol y una escalera. Cada vez que algún mono subía a la parte más alta y cogía un plátano recibía una pequeña descarga eléctrica. Al cabo de un tiempo los monos ya decidieron no subir a la parte más alta, porque ya sabían que arriba recibirían una pequeña descarga nada agradable.

Pasado ya mucho tiempo, seguían poniendo plátanos en la parte más alta del árbol pero ya quitaron las pequeñas descargas. Aun así, nadie se subía, integraron más monos dentro de la habitación, lo curioso es que los monos que habían llegado últimos tampoco se subían a la parte más alta. El resto de monos se ponían nerviosos al ver que querían subir, ya que pensaban en la pequeña descarga eléctrica, automáticamente ningún mono se atrevía a subir a la parte más alta.

Más adelante quitaron todos los monos que habían recibido alguna vez la descarga y los remplazaron por otros monos. Lo más curioso es que seguían en las mismas, aunque dentro de la habitación no había ningún mono que hubiera recibido una descarga eléctrica, ninguno se atrevía a subir a la parte más alta, cuando en realidad no pasaba nada de nada, solo había plátanos.

La conclusión sería que los monos tenían miedos en su subconsciente, y miedos que les habían inculcado. En realidad no pasaría nada, pero por miedo, ya no lo probaron. ¿Entiendes cómo puede jugar contigo tu subconsciente? te limita o te crees que no eres de capaz de cosas que ni tan siquiera has intentado.

No dejes que tu mente subconsciente te limite, nuestra vida es la creación de nuestra mente.

¿QUÉ ES EXACTAMENTE EL SUBCONCIENTE O INCONCIENTE?

Un símil al que se recurre a menudo para explicar los conceptos de conciencia y subconsciente es el iceberg. En la práctica, la conciencia sería la punta del iceberg, que se puede notar a simple vista. Mientras que el subconsciente sería esa gran masa que se encuentra por debajo de la línea de flotación y que normalmente no se puede apreciar, pero sabemos que se encuentra allí y es fundamental para mantener la parte visible del iceberg. Por tanto, el inconsciente es un término para referirse a todo aquello que se encuentra por debajo del umbral de la conciencia y a lo cual nos resulta difícil acceder.

En este nivel se suelen encontrar miedos muy profundos que pueden dar pie a fobias, contenidos que han sido reprimidos y han sido reprimidos y apartados de la conciencia por su carácter traumático y deseos no aceptados. Todo lo que plantamos en nuestra mente subconsciente y enriquecemos con la repetición y la emoción, un día se convertirá en una realidad. De lo que se trata es de fijar una meta e ir a por todas sin permitir que nuestro subconsciente te lo impida, debes luchar con tu parte de mente que te limita, es lo que llamamos salir de tu zona de confort.

Cada decisión que tomes cada día es lo que te llevara a ser lo que quieres en tu mañana.

Vas a tener que tomar decisiones que te dolerán hoy, pero que serán el impulso que necesitas para llegar a tu meta. La vida nos presenta retos a diario, pero en tu poder está en cómo afrontarlos. La vida es corta y no sabemos lo que nos queda de vida ni que nos deparará la vida por vivir, pero en tus manos está como superarlo y afrontarlo, la responsabilidad de tu destino es tuya. El cambio empieza en ti mismo, tu mundo exterior es un reflejo de tu mundo interior. Tenemos la costumbre de pensar que todo estará bien cuando las circunstancias cambian, la verdad es que las circunstancias cambiarán solo cuando se produzca un cambio dentro de nosotros. No importa la lentitud en la que avances, siempre y cuando no te detengas. Tenemos que ser conscientes que todo el proceso lleva su tiempo, no abandones algo que realmente quieres lograr porque los resultados aún no se vean. Ninguna cosecha da frutos de la noche a la mañana.

**La calma en medio de la quietud
no es la verdadera calma.
Mantenerse tranquilo en medio de la turbulencia
es la verdadera calma.
La felicidad en medio del bienestar**

**no es la verdadera felicidad.
Mantenerse feliz al enfrentar la adversidad,
ese es el verdadero potencial de tu mente.**

Poema oriental de Huanchu Daoren

Todos los psicólogos reconocen que hay un subconsciente, una parte de nuestro cerebro que juega un papel muy importante en los procesos del pensamiento.

Si me pregunto ¿cuál es la capital de Francia?, la respuesta aparece de manera automática: París.

Si decido mover mis dedos, se mueven adelante y atrás en un complejo patrón que no preparé de forma consiente, pero fue puesto en marcha por mi subconsciente. El subconsciente sigue siendo uno de los grandes misterios de la humanidad, todos sabemos que tenemos subconsciente y lo hemos asumido como algo normal, pero si lo piensas detenidamente: es muy raro ¿no?

¿Cómo puede ser que una parte de nuestra propia mente esté escondida?

¿Cómo puede ser que no podamos acceder a algo que es nuestro y forma parte de nosotros?

Raro ¿no? Es rarísimo en realidad, y lo más curioso es que hemos aceptado que lo tenemos con facilidad sin tener más curiosidad sobre él cuando es algo que todo el mundo tenemos dentro de nuestro ser. Es como tener una cortina en nuestro cerebro, la cortina no modifica el cerebro, no modifica nuestra mente, es simplemente que oculta una parte. Es como tener una habitación como las de hospital, los pacientes están juntos en una misma habitación, pero están separados por una cortina en medio. Es tan fácil como correr la cortina, pero para ello, tendremos que hacer el esfuerzo de conseguirlo porque no tenemos acceso a él de forma automática. Nuestra mente es una y no tenemos por qué tenerla separada en dos.

William James, el padre de la psicología americana, dijo que el poder para mover el mundo está en la mente subconsciente.

Nos dañamos a nosotros mismos con nuestras ideas negativas. ¿Con que frecuencia te has dañado a ti mismo?

¿Al enfadarte, al tener miedo, celos o deseos de venganza?

Estos son los venenos que se introducen en tu mente subconsciente. No naciste con estas actitudes negativas, debes alimentar tu mente subconsciente con pensamientos positivos y eliminarás así todos los patrones negativos que había en él.

Por eso es fundamental que comprendas cómo funcionan las dos partes de tu mente, porque con pensamientos negativos solo estás alimentando la parte subconsciente que no te aportará ningún beneficio. En cambio, sí alimentas tu cerebro con pensamientos positivos, ¡obtendrás los resultados necesarios para seguir avanzando, para poder conectar bien con tu fuente de energía, para sentirte mejor contigo mismo y convertirte así en el diamante que quieres ser!

¿Sabías que tu mente subconsciente controla más el 90 % de tu vida? Desde los más básico como es el respirar y bombear la sangre, hasta tus pensamientos y cosas que decides cada día. Por tanto, controla gran parte de tu vida y de los resultados que obtienes. Tendemos a pensar que, de forma consciente, tenemos el control de todo en nuestras vidas: pensamientos decisiones emociones. Pero en realidad es nuestra mente subconsciente la que tiene mayor control y poder, más de la que creemos y queremos.

La comunicación subconsciente tiene que ser un hábito, algo que hagamos de forma repetitiva y con una intención clara. Si le das claridad a la mente subconsciente de lo que quieres, ella tendrá más claro de cómo llegar a la meta. Busca una motivación o, como hemos hablado en páginas anteriores. una meta. La motivación por la cual queremos lograr un objetivo afecta directamente a lo que logramos o no logramos, porque nuestra mente se compromete o no a ello.

Te preguntarás ¿por qué mi mente querría que no lograra una meta? Muy sencillo, porque quiere protegernos de peligros, decepciones, fracasos o cualquier sentimiento negativo. Así que la intención de nuestro subconsciente no es mala, es de brindarnos protección, pero si le haces caso tendrás que mantenerte en tu zona de confort y no prosperar, si estás aquí leyendo es porque te interesa prosperar ¿verdad? Si salimos de la zona de confort es donde vamos a encontrar toda la felicidad y éxitos que estamos esperando.

"Si nuestra mente se ve dominada por el enojo desperdiciaremos la mejor parte del cerebro humano: la sabiduría,
la capacidad de discernir y
decidir lo que está bien o mal".

Dalai Lama

Cuando hables con tu subconsciente no le hables en términos que ella no entienda, es decir, no le hables de los problemas que ya tienes, lo que tengas para resolver, cualquier miedo o inseguridad. Ella no entiende este idioma, háblale de lo que tú quieres conseguir y a lo que tú quieres llegar. Estos si son los términos que realmente entiende nuestro subconsciente, háblale siempre de lo tú realmente deseas, siempre las cosas muy claras.

Si te pasas el tiempo pensando en deudas, en que te falta dinero, en que necesito dinero, tu mente se va a seguir enfocando en lo mismo y así en todas las áreas, tanto en la salud, la soledad, el amor, etc. Tu mente no procesa muy bien las partes negativas y se quedará pensando en más

deudas, más y más deudas. La idea es justo lo contrario, si necesitas dinero, enfoca tu mente y tus pensamientos en generar dinero.

Si tu pensamiento es "no puedo abrir un negocio porque no tengo dinero" cámbialo por "porque no tengo dinero, tengo que abrir un negocio". ¿Entiendes el cambio de pensamiento? Siempre encontraremos la misma frase dicha de otra manera, cambia totalmente su sentido hacia positivo. Inténtalo, no es difícil.

Cada vez que tengas un pensamiento negativo transformarlo en pensamiento positivo, la reacción que obtendremos es muy distinta dependiendo de la forma de pensar. Decir "no puedo abrir un negocio porque no tengo dinero" te genera un sentimiento derrotista, de fracaso y desilusión, por el contrario, al decir "precisamente porque no tengo dinero, tengo que abrir mi negocio". El sentimiento es totalmente diferente, te genera expectativas de futuro, esperanza, entusiasmo. Te has fijado que al cambiar un pensamiento lo que puede llegar a desencadenar, pues esto es con todos los pensamientos.

Piensa en alguna vez que hayas tenido algún problema serio, en que te has encontrado, como se dice, con el agua al cuello. A todos nos ha ocurrido alguna vez en la vida y cuando ya creías que no podías más, no te ha quedado más remedio que sacar fuerzas y centrarte en tu objetivo, que era, inconsciente o conscientemente, "saldré de esta porque no tengo más remedio que salir". Ha sido entonces cuando te has enfocado hacia un claro objetivo, que tu mente subconsciente te ha ayudado a conseguir, y has salido de todo aquello que a causa de tu subconsciente y tus miedos en aquel momento te parecía terrible. Si lo miras ahora, saliste de ello justo cuando te centraste en un claro objetivo.

Si dominamos nuestra mente, vendrá la felicidad.

En definitiva, debes luchar por tus sueños y contra tu subconsciente. Te contaré una pequeña historia muy curiosa de lo que puede obtener una persona cuando va con un claro objetivo.

Es la historia de Sylvester Stallone, una de las superestrellas más famosas de EEUU.

Hace años Stallone luchaba por tener éxito como actor en casi cualquier categoría sin ver resultados.

En cierto momento estaba tan desesperado que robó las joyas de su mujer y las vendió. Las cosas se pusieron tan mal que terminó viviendo en la calle durante tres días en la estación de autobuses de Nueva York.

Incapaz de pagar el alquiler o comprar comida, su punto más bajo llego cuando quiso vender a su perro a cualquier desconocido que pasara por la tienda de licores.

No tenía dinero para seguir alimentándolo y lo vendió por tan solo 25 $. Cuenta que se fue llorando.

Dos semanas más tarde, vio un combate de boxeo entre Muhammad Ali y Chuck Wepner que le dio la inspiración para escribir el guion de la famosa película *Rocky*.

¡Escribió el guion en veinte horas! trató de venderlo y recibió una oferta de 125.000 $ por él, pero tenía una condición: quería protagonizar la película, quería ser el actor principal, ¡el mismo Rocky!

Sin embargo, la productora dijo: ¡NO!

Ellos querían un actor "de verdad". Se fue con su guion y, unas semanas más tarde, el estudio le ofreció 250.000 $ por el guion.

Él se negó, le ofrecieron 350000 $, incluso así, dijo NO.

Después de un tiempo, el estudio cedió y le dio 35.000 $ por el guion y le dejaron protagonizar la película.

El resto es historia.

SUBCONCIENTE

La película ganó un "Oscar" como mejor película, mejor dirección y mejor montaje.

¡Incluso fue nominado mejor actor! ¡La película *Rocky* sigue incluida como una de las más exitosas de la historia del cine americano!

¿Y sabes lo primero que compró con los 35.000 $?

Al perro que vendió. Si, Stallone quería a su perro tanto que espero durante tres días frente la tienda de licores a que llegara aquel hombre.

Stallone explico porque lo había vendido y le rogó que se lo revendiera. El hombre se negó. Stallone le ofreció 100 $, se negó. Él le ofreció 500 $ se negó. Le ofreció incluso 1000 $ y sí, aunque no lo creas, se negó. Tuvo que pagar la suma de 15.000 $ dólares por el mismo perro que vendió por 25 $ y así consiguió su perro de vuelta.

Y hoy el mismo Stallone que durmió en la calle y vendió a su perro porque no podía ni tan siquiera alimentarlo ¡es una de las mayores estrellas de cine que jamás haya caminado sobre la Tierra!

Estar en la ruina es duro, muy duro ¿alguna vez has tenido un sueño?, ¿un sueño maravilloso?, ¿pero estás demasiado golpeado para ponerlo en práctica?, ¿o te sientes demasiado pequeño como para hacerlo?

¡La vida a veces es dura! La gente quiere tus productos, pero a ti no. Si no eres conocido o tienes contactos o mucho dinero, si no es así, es difícil hacerte notar.

A menudo las esperanzas se ven frustradas. Tienes que hacer grandes esfuerzos por sobrevivir…

Pero nunca dejes que tus SUEÑOS desaparezcan, incluso si te vuelven la espalda, sigue soñando.

¡Cuando te cierran la puerta sigue soñando!

"NADIE SABE DE LO QUE ERES CAPAZ EXCPETO TÚ MISMO. NUNCA DEJES DE LUCHAR POR TUS SUEÑOS LA MÁXIMA VICTORIA ES LA QUE SE GANA SOBRE UNO MISMO".

Buda

NUESTROS SUEÑOS PUEDEN CONVERTIRSE EN RALIDAD SI LOS DESEAMOS TANTO COMO PARA IR TRAS ELLOS.

DESCUBRE TU CEREBRO

DESCUBRE TU CEREBRO

Es **el órgano más importante del sistema nervioso central**, es decir, de la parte del cuerpo que gestiona los estímulos externos. El cerebro es como una computadora que controla las funciones del organismo y el sistema nervioso, es como una red que envía mensajes a las partes del cuerpo.

Si queremos conocer **el cerebro y sus funciones**, es importante recordar que este es un órgano del sistema nervioso. Y que es el órgano más mandón de todo el cuerpo: da órdenes prácticamente a todas las demás partes del cuerpo indicándoles qué tienen que hacer, constantemente. Independientemente de que tú seas consciente de ello o no. No solo controla lo que piensas y sientes, cómo aprendes cosas y las recuerdas y la forma en que te mueves, sino también muchas cosas de las que te das menos cuenta, como el latido del corazón, tener sueño o estar despierto.

Nuestro cerebro produce unos impulsos eléctricos que viajan a través de nuestras neuronas, esta clase de impulsos eléctricos producen ritmos conocidos como las ondas cerebrales. Estos impulsos son la información que viaja de neurona a neurona, haciendo uso de cientos de miles de ellas para lograr que se transporte y llevar a cabo una función concreta. Está actividad de las ondas cerebrales son las que se puede estudiar en cada individuo en un encefalograma.

Las neuronas también se valen de las ondas cerebrales para separar lo importante de lo secundario en los procesos cognitivos, ha descubierto una investigación. Usan las diferentes frecuencias de las ondas cerebrales para clasificar la información antes de hacerla llegar a las células nerviosas que toman las decisiones. Tenemos cuatro tipos importantes de ondas cerebrales que verás a continuación, la función de cada una de ellas es importante conocerla para saber cuándo es buen momento para cada situación. Diferentes tipos de ondas cerebrales son producidos por nuestro cerebro, es una actividad eléctrica cuya frecuencia se mide en hertzios.

Nosotros las producimos seamos conscientes o no de ello, tanto en estado de vigila como durante nuestro sueño. Si bien son diferentes según estemos en estado de vigilia o sueño, paradójico.

Las ondas cerebrales regulan nuestros pensamientos, emociones y conductas, se miden en hertzios o ciclos por segundo, y en los seres humanos estos patrones eléctricos se reducen a cinco: gamma, beta, alfa, theta y delta.

Las diferentes ondas cerebrales:

Ondas Beta: Las ondas beta cerebral tienen una frecuencia que oscila aproximadamente entre los 15 y 40 ciclos por segundo, estas ondas son amplias y rápidas, tienen mayor presencia cuando la persona se encuentra despierta y en pleno estado de vigilia. Por ejemplo, es cuando se encuentra en un pleno examen, o resolviendo un problema de sumas y restas. El estado beta es el estado común del día a día y puede asociarse a los pensamientos comunes, el trabajo y la resolución de problemas del transcurso de tu día a día.

Ondas Alfa: La frecuencia de las ondas alfa cerebrales oscila aproximadamente entre 9 y 14 ciclos por segundo, estas son más amplias y más lentas que las ondas beta. Suelen tener presencia en el cerebro cuando la persona se encuentra en estado de relajación, generalmente sin realizar actividades que no requieran ningún movimiento físico. Estas ondas pueden producirse de forma consciente al realizar una meditación simple.

El estado alfa suele estar asociado a la relajación, el súper aprendizaje, el aumento de la intuición y la superación del estrés. Los expertos lo consideran la llave del subconsciente, por lo que es un estado apropiado para reprogramar las creencias de forma consciente y, por supuesto, para poder conectar con tu fuente de energía.

Ondas Theta: Las ondas theta son aún más amplias y se mueven aún más lento, entre 5 y 8 ciclos por segundo aproximadamente. Estas ondas son emitidas por el cerebro cuando la persona se encuentra en un estado de meditación profunda, o justo antes de cruzar el umbral del sueño recién al despertar o instantes antes de dormir. También puede presentarse en un estado libre imaginativo casi inconsciente que se produce al "soñar despiertos". El estado theta suele asociarse con la creatividad y los estados propicios para la sanación.

Poseen la habilidad de favorecer el aprendizaje incrementando los procesos cognitivos. Si bien, durante la infancia, los niños poseen una frecuencia de ondas Theta superior a la de los adultos. Esta frecuencia de onda está promovida por funciones del cerebro que le permiten absorber y retener una gran cantidad de información, pero esta vez almacenada en la memoria a largo plazo.

Ondas Delta: Las ondas delta del cerebro son las de mayor amplitud y también las más lentas. Su frecuencia oscila entre 0,1 y 4 ciclos por segundo, nunca llegan a cero ya que el cerebro vivo nunca para de funcionar. Estas ondas cerebrales son emitidas por el cerebro mientras la persona se encuentra en "el estado de sueño más profundo".

El estado delta se relaciona con la recuperación de la salud por deterioro o envejecimiento del cuerpo. Debido a esto, también está asociado a la regeneración de los tejidos, en la mayoría de los casos, no se sueña en este estado ya que la persona se encuentra completamente inconsciente. El entrenamiento del cerebro en este nivel es difícil, delta tiene efectos específicos en el sistema límbico, la amígdala y el hipotálamo en particular, que operan en frecuencias de delta. El sistema límbico afecta las emociones y el control de las funciones autonómicas.

Las frecuencias delta estabilizan estas estructuras neurales y pueden ser muy eficaces para reducir migraña dolor crónico y regular la presión arterial. Aunque las frecuencias delta generalmente no son tan buenas como las alfas o theta para la meditación, algunas personas han tenido éxito utilizando frecuencias delta junto con la relajación.

Ondas Gamma: Las ondas cerebrales gamma recientemente descubiertas por la neurociencia son las más rápidas, ya que su frecuencia oscila entre 40 y 100 ciclos por segundo. Estas no están asociadas con pensamientos cotidianos, aunque sí están relacionadas con una gran actividad mental que puede incluir destellos de brillantez y repentinas experiencias de percepción/intuición, momentos de extrema atención, concentración y lucidez. Estas frecuencias cerebrales se encuentran vinculadas a emociones de proactividad altamente positivas como la compasión y el amor altruista.

Aquí también me gustaría hablarte un poco lo que es capaz de hacer por ti la técnica del PNL.

La programación neurolingüística (en adelante, PNL) es una disciplina que trata de explicar cómo funciona nuestro cerebro y definir sus patrones mentales. Así nos conocemos mejor a nosotros mismos, por tanto, si nos conocemos podemos cambiar. La PNL es una herramienta de análisis que sirve para describir lo que haces dentro de tu cabeza, y cómo eso te ayuda o no a conseguir los resultados que quieres.

La combinación del crecimiento personal, con técnicas de PNL facilitan el desarrollo de habilidades para cambiar hábitos, conductas y creencias limitadoras eliminando los frenos más inconscientes que intervienen en la gestión emocional y, por tanto, los procesos de crecimiento personal se aceleran.

La PNL también es conocida como la "ciencia del éxito y desarrollo personal". Entrega herramientas y técnicas de incalculable valor para acelerar todos los procesos de cambios, de estos cambios que ahora necesitas. Como por ejemplo, dejar hábitos indeseados (fumar, comer en exceso), hábitos autosaboteadores, fobias, pánicos, depresión…Reconocer y cambiar creencias limitantes, transformar el efecto nocivo de experiencias emocionales traumáticas, en otras palabras, a través de técnicas de PNL puedes controlar el funcionamiento de tu propia mente.

Nuestro cerebro es como un ordenador, ¿recuerdas el primer día que tocaste un ordenador? Intenta imaginar su manejo si no hubieras tenido a alguien que te dijera cómo funcionaban las cosas, o un manual de instrucciones. Sin google que te diera respuestas a tus dudas o sin un profesor o alguien que te enseñara cómo manejarlo. Puede que aprendiendo de tus errores al final lo hubieras logrado, pero hubiese sido mucho más difícil ¿verdad?

Tu cerebro no deja de ser como un ordenador, tienes una máquina enormemente potente de una alta capacidad, pero, sin el manual de instrucciones para poderlo utilizar correctamente, seguramente algunas cosas se te den mejor y otras peor, dependiendo de lo que hemos aprendido a lo largo de la vida. Ya sea por intuición o por lo que hemos ido desarrollando en nosotros mismos, pero también sabes que si tienes un manual puedes sacarle su máximo rendimiento.

Programación: nuestra mente funciona de acuerdo a una serie de patrones, "programas" aprendidos previamente. Estos programas mentales se pueden observar y modificar, es decir, podemos reprogramarnos con lo que estás aprendiendo. Puedes cambiar tu forma de pensar y, por tanto, cambiar muchas cosas en tu vida.

Neuro: nuestro cerebro, nuestras neuronas, contienen nuestras referencias (memorias) y procesos (estrategias), que determinan cómo nos comportamos y cómo nos sentimos emocionalmente.

La reprogramación consiste en modificar estas referencias y procesos, es decir, establecer nueva información en el cerebro y nuevas conexiones neuronales que modifican nuestro comportamiento y nuestras emociones.

Lingüística: nos indica que el proceso neurológico es representado, ordenado, secuenciado y transmitido a través de la comunicación basada en la palabra o el lenguaje. Reconoce la parte que ocupa el lenguaje como representación de nuestra organización mental y de nuestras estrategias operativas. Los procesos y memorias de nuestra mente pueden ser codificados y descritos en distintos lenguajes.

Internamente nuestra mente procesa la información como imágenes, sonidos y sensaciones; y externamente la manifestamos con nuestras palabras y nuestro lenguaje corporal. Estas imágenes, sonidos, sensaciones, lenguaje verbal y lenguaje corporal serán las herramientas que nos permitirán acceder y modificar nuestras referencias y procesos.

La programación neurolingüística es una herramienta que, si está bien desarrollada, mejora muchísimo la vida laboral y las relaciones interpersonales. También, y, sobre todo, ayuda a desprogramar las conductas y estados de ánimo limitantes, así es como la persona puede aprender a modificar determinados pensamientos y comportamientos, aquellos que le afecten en cualquier ámbito de su vida. Cada vez escucho más los casos de baja autoestima, fobias, depresión y un largo etcétera, esto puede utilizarse para aprender a responder de forma positiva ante los estímulos que nos generan emociones negativas.

La PNL establece que el ser humano tiene tres grandes sistemas para representar la información: visual, auditivo y kinestésicas (olfato, tacto, emociones).

Las personas se dividen, según la PNL, entre:

Visuales. Son personas que perciben el mundo esencialmente a través de la vista. Gente muy observadora de gran agudeza visual. Suelen tener una postura rígida, una respiración superficial y rápida, hablar más rápido de lo normal y con un tono alto. Consonantemente, las actividades que más disfrutan son las que tienen que ver con la vista: el cine, contemplar paisajes….

Auditivas. Perciben mejor el mundo a través del oído. Perciben más rápido cualquier sonido de nuestro alrededor. Se caracterizan por ir por el mundo con una postura distendida, de predisposición a la escucha, una respiración bastante amplia y una voz bien timbrada. Les gustan las actividades como escuchar música, contar y escuchar historias, interactuar con otras personas…

Kinestésicas. Perciben el mundo a través del tacto, el gusto y el olfato. Son personas que al verte te dan un abrazo porque son más de contacto físico. También tiene una postura distendida, con movimientos que miman las palabras, una respiración profunda y una voz grave y de ritmo lento. Les gustan la actividad física y disfrutan del contacto con otras personas.

Un ejemplo muy claro sería un simple saludo. Hay gente que es más de decir "hola", otros son más de un gesto con la cabeza, gente que es más de un abrazo o de dar la mano. Esto es por el sentido que tenemos más desarrollado en nosotros.

Lo que pretendemos con la reprogramación de nuestro cerebro es cambiar los pensamientos negativos por los positivos en todos los aspectos. Tanto si son miedos, como limitaciones, fobias, estrés o lo que te impida ser feliz se puede cambiar un pensamiento negativo en menos de un minuto.

Yo, por ejemplo, te recomendaría el del anclaje. Cuando te sientas mal por algo cierra los ojos e imagínate un momento muy agradable de tu vida, un día en que tú has sido muy feliz.

Debes intentar revivir como si estuvieras allí en aquel mismo instante. Estoy seguro que al centrarte en aquel momento, en aquel lugar, te ha generado buenos pensamientos, puede que incluso te haya sacado una pequeña sonrisa. De eso es de lo que se trata de cambiar los pensamientos para que nos ayuden en el día que realmente lo necesitamos.

También te daré otro ejemplo, si alguna vez has estado muy nervioso por alguna circunstancia o situación, y alguien te ha dicho "no te pongas nervioso", ¿te ha servido de algo? No, ¿verdad?, porque de lo que se trata es de enfocar la mente y los pensamientos hacia otro lugar, reconducirlos, es decir, reprogramar.

Con todo esto te quiero decir que las técnicas del PNL sirven para todo en la vida, pero te quiero contar algo que a mí me sirvió muchísimo cuando lo escuché, ya que siempre sigo formándome más y más para poder conocer y explicar mejor a todo el mundo cómo deben cambiar su mente para mejorar sus vidas. Hace muchos años que me di cuenta de que la gente se pasa el día poniendo excusas para mejorar su vida, he oído mil veces "no puedo comenzar mi negocio porque no tengo dinero", estoy seguro que o lo has dicho o sabes de alguien que te ha dicho estas palabras ¿cierto? Encontré el método de reprogramarme con una sola palabra, te explicaré cómo en varios ejemplos:

Primero es invertir la oración, es decir, colocarlo o decirlo al revés.

Segundo, cambiar la palabra **no puedo** por la palabra **tengo**

"No puedo comenzar mi negocio porque no tengo dinero".

Al voltear y cambiar la palabra adecuada, la frase quedaría de la siguiente manera:

"Porque no tengo dinero, **tengo** que comenzar mi negocio".

"No puedo ser empresario porque no tengo dinero".

Ahora se transforma a lo siguiente:

"Porque no tengo dinero, **tengo** que ser empresario".

"No puedo ser exitoso porque no tengo dinero".

Se quedaría así:

"Porque no tengo dinero **tengo** que ser exitoso".

Esta palabra transforma una cosa negativa en algo positivo generando que, de una limitación que tenemos programada como el "no puedo" se transforme en una razón, un objetivo.

Debes tener una razón para poder seguir adelante siempre, debes transformar siempre las excusas en objetivos.

¿Has oído alguna vez "no puedo trabajar por mis sueños porque tengo hijos"?, ¿te suena de algo?

Pues al cambiar la frase volteada con la palabra "tengo", ¿sabes cómo quedaría?

"Porque tengo hijos, yo **tengo** que trabajar por mis sueños".

Con esta técnica lograrás superar cualquier excusa que te intentes poner por tus viejas creencias y te ayudará a luchar para seguir a delante y conseguir tus sueños, metas, o propósitos. Las excusas ya no caben en tu vida, con algunos de estos pequeños ejemplos que te he dado podrás cambiar muchos aspectos de tu vida y mejorar en cualquier ámbito que te propongas. Ya que sin creencias viejas que te limiten lograrás el cambio definitivo.

CREA TU ANCLAJE

CREA TU ANCLAJE

Crear un anclaje es buscar un momento en tu vida en el que tú hayas sido más feliz.

Es una de las técnicas de PNL que ayudan a situarse en un estado emocional concreto.

Inconscientemente, a menudo estamos expuestos a anclajes. Por ejemplo, escuchar una canción y tener un estado emocional determinado; o una comida, a mí de pequeño, por ejemplo, cuando me encontraba mal, mi madre siempre me traía unos donuts cuando ya estaba más recuperado. Sí, tal como lo estás leyendo, unos donuts. Y era lo único que me devolvía el apetito, no existía nada más en la tierra que me apeteciera más que unos donuts en el momento que estaba más desganado. A lo largo de los años, cada vez que me he comido unos donuts, siempre he recordado aquel momento, lo mucho que me apetecían de pequeño cuando yo no me encontraba bien.

También nos puede pasar justo al contrario, una comida que un día no te sentó bien por cualquier causa, y ver esa comida y asociarla a aquel momento directamente. Y, por tanto, ya no te apetece comer. Este es el anclaje que ha creado nuestro cerebro de alguna cosa a alguna situación.

También te puede pasar con un olor, un perfume que al olerlo te recuerda automáticamente a una persona o a un lugar determinado. Parece increíble, pero es así. U oler el mar y automáticamente te transporta en el momento que estás pisando el agua. ¿Te ha pasado algo similar?, sí, ¿verdad? Yo, por ejemplo, cada vez que voy a la playa, cuando ya estoy llegando con el coche, bajo las ventanas y les digo a mis hijas ¿oléis el mar? Es algo que a mí de pequeño me creo un anclaje y a ellas también se lo está creando. Ya ahora, sin decir nada solo bajo las ventanas y ellas mismas me dicen "papi ¿hueles el olor del mar?".

Yo, al ser familia numerosa y tener los abuelos en casa mal de salud, la verdad que íbamos muy poco, pero cuando iba era algo especial. Era un día fantástico, solo con percibir el olor de mar de lejos ya me emocionaba, me ponía contentísimo porque ya sabía que sería genial. El agua, la arena, jugar con mis hermanos haciendo castillos, toda la familia junta, disfrutando de un maravilloso día. Para mí era algo muy especial, la playa la tengo a una hora de trayecto en coche, que para nada está lejos, pero por las circunstancias que teníamos en casa, no era algo que pudiésemos hacer muy a menudo. Ahora ya soy mayor, pero cada vez que estoy llegando a la playa y bajo las ventanillas no puedo evitar pensar en cuando yo era pequeño.

Ahora cuando veo a mis niñas emocionadas al llegar a la playa, me encanta pensar que a ellas les ocurrirá lo mismo. Ya tienen un anclaje de un día feliz con solo el olor del mar, lo sé por la reacción que tienen solo al bajar las ventanas del coche.

De lo que se trata es de buscar anclajes positivos, buscar el día más feliz de tu vida y sentir la sensación que sentiste en aquel momento de plenitud máxima. Un día que, solo con cerrar los ojos y pensar en él, te ponga una pequeña sonrisa en la cara.

Ahora haremos un ejercicio. Cómprate unos aromas que te gusten y ve a buscar los lugares que te aporten más felicidad. Cada aroma tienes que usarlo en un lugar diferente, por ejemplo, el de vainilla en la playa; el aroma de moras, en la montaña, en una fiesta, uno de fresa. Eso es solo un ejemplo, decide tú que olor asocias en cada lugar y en ese momento, en el que tú estás en plena armonía con el lugar, debes oler el aroma o echarlo por tu alrededor y olerlo. Por arte de magia, ya tienes un anclaje hecho. Cuando estés en casa tumbado en la cama, si echas el perfume por tu alrededor y cierras los ojos, te transportarás al lugar que estuviste y podrás sentir la sensación que tenías en aquel momento. Siempre que uses, muy importante, el mismo aroma perfume o esencia.

Un anclaje es la técnica perfecta para poder encontrarte bien y cambiar tu vibración en tan solo unos segundos. Lo llamamos ancla porque lo utilizamos para crear un disparador para una emoción en particular.

Te recomiendo los perfumes ya que los considero más efectivos, pero los anclajes se pueden hacer con muchas cosas puede ser un olor, un color, un gusto… algo que me dirige a un estado mental que se estableció alguna vez en el pasado.

LA FE Y CREENCIAS

LA FE Y LAS CREENCIAS

SIGNIFICADO DE LA FE:

La fe es un sentimiento de total creencia o asentamiento en relación con algo o con alguien.

La palabra proviene del latín *fides*, que significa 'lealtad, fidelidad'.

La fe es creer lo que no ves; la recompensa de esta fe es ver lo que crees.

ALLÍ DONDE NUESTRO RAZONAMIENTO HUMANO ENFRENTA UNA PARED ALTA, GRUESA Y DONDE UNO VE TODO PESADO Y OSCURO, ALLÍ LA FE HACE UN AGUJERO Y LA LUZ PUEDE PENETRAR.

La fe es solo un mecanismo que nos da un empujón, es decir, nos da la fuerza necesaria para seguir prosperando. Todo el mundo ha escuchado alguna vez que "la fe mueve montañas", pues es cierto. La fe no deja de ser las ganas que les ponemos a las cosas, da igual en quien tú creas, esto no va de religiones, no hace falta ser practicante de ninguna religión para tener fe, lo importante es tenerla. Incluso en los problemas más oscuros, lo último que tienes que perder es la fe en encontrar una solución.

Un día el burro de un campesino se cayó en un pozo.

El animal lloró fuertemente durante horas mientras el campesino trataba de buscar alguna solución para sacar de allí al pobre animal.

Finalmente, el campesino decidió que el burro ya estaba viejo y el pozo ya estaba seco y necesitaba ser tapado de todas formas. Que realmente no valía la pena sacar el burro del pozo.

Pidió a todos los vecinos que vinieran a ayudarle.

Cada uno agarro una pala y empezaron a tirarle tierra al pozo.

El burro se dio cuenta de lo que estaba pasando y lloró horriblemente.

Luego, para sorpresa de todos, se tranquilizó después de unas cuantas paladas de tierra.

El campesino finalmente miro al pozo y se sorprendió de lo que vio.

Con cada palada de tierra, el burro estaba haciendo algo increíble: Se sacudía la tierra y daba un paso. Un paso por encima de la tierra.

Muy pronto todo el mundo vio sorprendido como el burro llego hasta la boca del pozo, paso por encima del borde y salió trotando.

La vida va a tirarte tierra, todo tipo de tierra…. El truco para salir del pozo es sacudírsela y usarla para dar un paso hacia arriba.

Cada uno de nuestros problemas es un escalón hacia arriba. Podemos salir de los más profundos huecos si no nos damos por vencidos

¡La conclusión es que si tienes fe y luchas por algo, siempre saldrás adelante!

En esta historia también observé que ya todos se daban por vencidos, ya daban el pobre animal por muerto, pero ¡se dieron cuenta que la fe es lo último que se debe perder!

Cuando estés en el extremo de la cuerda, ata un nudo y agárrate, deja que tu fe sea más grande que tu miedo.

¿Qué es una creencia?

Una creencia es el estado de la mente en el que un individuo supone verdadero el conocimiento o la experiencia que tiene acerca de un suceso o cosa. Cuando se objetiva el contenido de una creencia presenta una proposición lógica y puede expresarse mediante un enunciado lingüístico como afirmación. Básicamente, creer significa dar algo por cierto sin poseer evidencias de ello.

Una creencia vendría a ser como la fe es algo que no vemos, pero necesitamos tener en nuestras vidas. Necesitas tener la fe cuando no sabes por donde salir de una situación o cuando tienes un propósito.

También necesitas tener creencias y creer en las cosas, es la convicción de que algo es verdadero y cierto.

No hay forma de evolución ni crecimiento si no revisas las creencias con las que naciste, las actualizas, las evalúas y desechas.

Por eso para mí es tan importante que controles y practiques el ejercicio que, en breve, te contaré para atraer un objeto en menos de siete días. Debes empezar por cosas pequeñas para que veas resultados más fácilmente y puedas adquirir esta fe que, seguramente, todavía no tienes porque tus creencias no te permiten todavía creer en lo que no has visto.

Quiero que te pongas muy claras estas palabras para siempre en tu cabeza:

¡Todo lo que entre en tu mente, será una realidad!

Otra de las cosas que yo considero una creencia es el karma.

La palabra "karma" significa 'acción' y se rige por la idea de que toda acción genera una reacción, es decir, cualquier acto tendrá una consecuencia. Exactamente igual que la ley de la causa y efecto.

El karma yo lo definiría como el juez de nuestros actos.

Cada vez que realizamos una acción, generamos una energía que puede ser positiva o negativa. En función de la acción que tú hayas hecho, se te devolverá multiplicado por diez. Entendemos que, si tú haces una buena acción, algo bueno, el universo te depara algo bueno; por el contrario, si has hecho una mala acción algo malo se te devolverá.

Has oído alguna vez...

"¡Ya se lo devolverá el karma!"

o lo que es lo mismo, "¡ya lo pagará!".

El karma para los que creen en su existencia es el encargado de que el mundo sea un poquito más justo.

Es acción, reacción, repercusión. También entendido como la reacción causa y efecto. En otras palabras:

Sembrar y recoger

Dar y recibir

El karma no debe ser entendido como una venganza del universo, sino como un reflejo de tus acciones.

A mí de pequeño me decían:

"Mal harás,

mal encontrarás".

En la física, la palabra karma sería equivalente a:

'Para cada acción hay una reacción de fuerza equivalente en la dirección opuesta'.

La ley del karma también es conocida como "justicia divina", en definitiva, es aquella ley que ajusta el efecto a su causa, es decir, todo lo bueno o malo que hemos hecho en la vida nos traerá consecuencias buenas o malas.

El karma no tiene menú. Te servirá lo que mereces.

"QUIÉN SIEMBRA VIENTOS, COSECHA TEMPESTADES".

Es un proverbio que advierte de todas nuestras acciones en la vida generan consecuencias.

Muchos de nosotros no reconocemos que a veces estamos sufriendo indirectamente por las cosas que hemos hecho mal. Podemos engañarnos a nosotros mismos en la creencia de que no vamos a pagar su precio, pero en la vida todo tiene su va y viene.

La vida es un eco.
Lo que envías,
regresa.

Lo que siembras,
cosechas.

Lo que das,
obtienes.

Lo que ves en los demás,
existe en ti.

Recuerda, la vida es un eco siempre regresa a ti.

La vida se encargará de poner a cada uno en su lugar, según sus acciones, claro está.

Debes plantar semillas de buena fe en la vida. Piensa que es algo muy necesario en esta vida que llevamos, gobernada por las prisas, y en que solo vemos nuestras necesidades y circunstancias.

¿Este es el mundo que queremos para nuestros hijos?

¿Este es el ejemplo que queremos darles?

Somos el espejo en el que se miran y, por ellos y también por nosotros, debemos mirar un poco a nuestro alrededor y hacer un mundo mejor. Vamos a cambiar cosas en tu día a día, pequeños detalles que no cuestan nada pero te harán sentir mejor contigo mismo y, aunque te parezca una tontería, no lo es.

Son pequeños actos, como dejar pasar a alguien en la cola del supermercado que solo lleva un par de cosas, seguro que te lo agradecerá y otro día que tú tengas prisa o lleves poca cosa, alguien te dejará pasar a ti. Son pequeños actos que, entre todos, contribuyen a tener un mundo mejor y a sentirnos mejor con nosotros mismos. Y así, infinidad de cosas, los gestos bondadosos son cada vez más difíciles de conseguir.

¿Cuánto tiempo hace que no haces un gesto de generosidad?

Los actos de buena fe son muy importantes para todos. y la mayoría de veces no nos cuesta nada compartir con los demás,

hacer pequeñas donaciones,

ayudar a los más necesitados,

cuidar del medio ambiente,

compartir con las personas sin hogar,

donar objetos,

incluso donar sangre.

Lo que se te ocurra que sea aportar algo positivo, desinteresadamente, al mundo. A veces es tan sencillo como ir por la vida con una sonrisa, es tan simple como esto y alegrarás el día a día a más de una persona, con tan solo un pequeño gesto. Y esto también es contribuir a que alguien se pueda sentir mejor. Sé amable con todos, un pequeño gesto, una sonrisa, un cumplido, un acto de bondad puede mejorar el día de alguien más si alguien tiene un mal día o está en algu-

LA FE Y LAS CREENCIAS

na situación difícil. Te agradecerá muchísimo una sonrisa y, si no, siempre es agradable encontrarte gente positiva con una gran sonrisa por la calle.

Parece de poca importancia, pero es en los pequeños detalles donde se va empezando y encontrando la felicidad. Y como harás, encontrarás en todos los aspectos. Si adoptas una actitud positiva y generosa, el universo te lo devolverá por diez.

Las mejores y más bellas cosas de este mundo no pueden ser vistas o incluso escuchadas; deben ser sentidas por el corazón.

En esta vida estamos de paso, has venido sin nada y te irás sin nada. El día en que ya no estés nadie te recordará por lo que tenías, pero si por lo que eres a día de hoy y tus actos.

Una vez leí lo que es la fe, la fe por Tony Robbins.

Deja que te haga una pregunta: ¿crees que hay algo más grande, algo más allá de nosotros mismos?

Como lo quieras llamar, Dios, el universo o la inteligencia infinita. Yo creo que el universo es una energía amorosa, y creo que solo responde a la fe absoluta. Otra palabra, la CERTEZA ABSOLUTA.

He visto en todos los aspectos de la vida, ya sea en deportes, rendimiento, relaciones, la certeza de la salud, una fe más allá de lo que ves, a una situación que es incierta, es uno de los más grandes recursos que puedes tener.

Y, por supuesto, todavía no hay garantías en la vida.

Siempre hay una prueba de fe. Cada uno de nosotros, independientemente de su edad, género, riqueza o falta de ella, cada uno de nosotros será probado de maneras para las que no estamos listos, múltiples veces, ¿verdadero o falso?

La vida nos prueba para ver si podemos encontrar certeza en tiempos inciertos. Y la certeza definitiva no es que tengas lo que quieres. La certeza definitiva es la fe de que la vida es benevolente, incluso cuando parece que no lo es. Es confianza y paciencia para darle tiempo, para que nos muestre. Es saber que, de alguna manera, todo tiene un significado más alto.

Y creo que es nuestro trabajo encontrarlo... Si podemos encontrar el significado más alto en medio de nuestro dolor y a pesar de nuestro miedo, nos convertimos en una fuente de amor e inspiración para los demás. Una fuente de certeza y seguridad para los demás, y eso nos fortalece para nuestro propio viaje y servicio.

La vida siempre está pasando por nosotros. Si tú desarrollas ese nivel de fe, tú tendrás una gran ventaja. No tenemos los músculos grandes de las cosas fáciles. Nos convertimos en más porque hemos pasado por las dificultades de la vida.

Entonces, ¿cuál es la diferencia entre el miedo y la fe? Bueno, los dos están hechos, son ambas energías en nuestra imaginación. La única diferencia es que el miedo es la imaginación corriendo al peor escenario. La fe es cuando nuestra imaginación está dirigida a un propósito MÁS ALTO.

Así que ELIJO LA FE. Cuando te das cuenta de que la gracia siempre está ahí, no importa cuál sea el resultado, que te da un nivel diferente de fe en la vida misma y un amor y aprecio diferente por la vida y por cada día que nos ponemos en esta Tierra. La fe es una cosa que debemos tener en nosotros mismos siempre.

LA FE Y LAS CREENCIAS

Yo, personalmente, he visto a gente que dice que no cree en nada de nada y me lo han afirmado y reafirmado. Pero también he podido ver, que estas mismas personas, el día que se han encontrado en apuros verdaderos, la fe les ha salido de golpe. No es así, siempre la han llevado en su interior, pero se han limitado a creer que no la tenían. La fe, ya te he dicho en varias ocasiones, que la debes de tener y tú llámala como quieras. Da igual en lo que creas, cada uno de nosotros puede creer en lo que quiera, en el universo, Dios, buda...lo que a ti te llene más. La fe es un sentimiento, es un valor importante en nosotros mismos que en muchos momentos de la vida necesitamos tener, porque la fe es la esperanza de que todo saldrá bien.

Debemos ser conscientes de las creencias limitantes que llevamos dentro. Me gustaría que te analizaras cuántas veces al largo del día dices...

1. ¿y sí?
2. No puedo...
3. No tengo derecho a....
4. No valgo para...
5. Es imposible conseguir...
6. Y si soy incapaz de...
7. Es difícil hacer....
8. No es correcto/No está bien, etc.

El "no merecimiento" y la creencia del "no poder" limitan muchísimo el poder de la persona para que pueda manifestar lo que quiere en su vida. A partir de estas frases puedes elaborar enunciados que aportan un matiz en relación a algún ámbito de la vida.

Nuestro vocabulario influye muchísimo a la hora de cambiar nuestras vidas y nos limita en nuestro día a día. Debes cambiar la manera de decir las cosas, se ha demostrado científicamente que a lo largo del día tenemos más de la mitad de nuestro vocabulario negativo. Por lo que esto determina que, culturalmente, somos más expertos en el malestar, que en el bienestar. Debemos cambiar nuestro tipo de vocabulario por decretos y afirmaciones positivas, cambiar el "no puedo" por el "puedo", el "debería" debe sustituirse por "los tengo que", el "necesito" sustitúyelo por el "quiero", el "y sí…" proviene del miedo, elimínalo de tu vida, el "intentar" no sirve para nada, simplemente hazlo, actúa.

Si decretas las palabras siempre en positivo le estás mandando un mensaje claro a tu subconsciente más limitador. Provocando, de este modo, que aflore tu fe y, a consecuencia de ello, podrás realizar lo que te propongas. Si logras cambiar tu vocabulario en positivo, lograrás que el universo se ponga a tu favor. Y, por tanto, también te será más fácil poder conectar con tu fuente de energía, que es la encargada de llevar tu vida a tus éxitos y a un nivel más alto.

SACA TU MEJOR VERSIÓN

SACA TU MEJOR VERSIÓN

Con lo que llevas leído hasta ahora estoy seguro que has empezado a avanzar muchísimo contigo mismo, pero aún hay muchas cosas por mejorar.

Vamos a hacer un pequeño repaso.

¿Detenerse?

Nunca

¿Avanzar?

Siempre

¿Rendirse?

¡JAMÁS!

LA PIEDRA

El distraído tropezó con ella,

el violento la utilizó como proyectil,

el emprendedor construyó con ella,

el campesino cansado la utilizó como asiento.

Para los niños fue un juguete,

David mató a Goliat y

Miguel Ángel le sacó la más bella escultura.

En todos los casos la diferencia no estuvo en la piedra,

¡Sino en el hombre!

No existe piedra en tu camino que no puedas aprovechar para tu propio crecimiento.

Todo en esta vida nos ayuda en algo, sin dolor no hay recompensa ¿recuerdas? Es lo mismo que con los objetivos, tan importante es el camino como la meta. Si sabes que es la felicidad es porque algún día has llorado ¿verdad? Pues con esto quiero que veas que todo lo que te ha tocado pasar en la vida es en lo que te has convertido a día de hoy. Estoy seguro que has aprendido muchísimo, pero también estoy seguro que quieres mejorar. Estás cambiando tu vida para mejorarte a ti y a todo tu entorno, como ya te he dicho anteriormente, no es tarea fácil, pero sabes que todo lo que te estoy diciendo es absolutamente verdad, que hay cosas en la vida de todos que nos limitan en muchos aspectos de la vida e, inconscientemente, a nuestro entorno.

Vamos a sacar tu mejor versión, el camino al éxito es tu actitud.

"Si buscas resultados distintos no hagas siempre lo mismo".

Albert Einstein

Vamos a leer en voz alta el decreto tres veces y, como siempre, con alta vibración emocional.

¿Qué era?

¡Una roca!

¿Quién soy?

Un diamante

¿A qué he venido?

¡A triunfar y prosperar!

¿Por qué?

¡Porque he venido a este mundo a brillar como un diamante!

Vamos a lograr convertirnos en el diamante que hemos venido a ser. Ya te lo he contado en un principio, pero te lo recordaré:

EL DIAMANTE ES UNA ROCA SOMETIDA A MUCHA PRESIÓN Y ESTA CAMBIA LA QUÍMICA DE LA ROCA TRANSFORMÁNDOLA EN UNA PIEDRA PRECIOSA.

¡El diamante significa 'invencible'!

¡TÚ ERES INVENCIBLE!

Sí lo eres y te lo demostrarás a ti mismo. Nunca dejes que tus miedos sean tan grandes que te impidan seguir tu camino.

El coraje no siempre ruge, algunas veces solo es una silenciosa pero poderosa voz interior que te dice "mañana lo volveré a intentar". Tú sabes, tan bien como yo, que es ahora o nunca el momento de cumplir tus metas y objetivos. Es el momento de triunfar en la vida, el pasado, ya pasó y el mañana es incierto. El poder de cambiar las cosas está ahora en tus manos.

Sé que la vida a veces no nos lo pone nada fácil y que todos tenemos circunstancias que no nos gustan o desencadenan reacciones en nosotros que no queremos. Incluso que nuestro subconsciente nos impide hacer cosas y poder avanzar, pero también sabes que, si no intentas el cambio, nunca lo conseguirás.

Empieza por pensar que lo primero en este mundo y lo más importante eres tú, si tú no estás bien ¿cómo aportarás cosas buenas a tu entorno?

Cada día puede ser el comienzo de algo maravilloso, no te rindas jamás. El éxito no deja de ser la suma de pequeños esfuerzos día tras día.

Sacar tu mejor versión significa nada más y nada menos que des en cada momento lo mejor que puedes dar, que hagas las cosas de la mejor manera que las puedes hacer y puedas irte a dormir con la satisfacción personal de haber hecho las cosas de la mejor manera que has podido.

Muchas veces por las prisas y por acumulación de tareas, hacemos las cosas a medias. Estudios demuestran que el ser humano tiene la tendencia a dejar las cosas siempre para terminar. Muchas veces cuando ya casi lo tienen terminado dejamos las cosas no del todo bien. Como sabemos o podemos hacerlas, esta sin dudarlo no es tu mejor versión, si lo piensas bien, el día que has dormido mejor ha sido el día que te has ido a la cama con la satisfacción de haber dado algo positivo de ti mismo ¿verdad?

CUALQUIER SUEÑO ES POSIBLE SI ERES LO SUFICIENTEMENTE TENAZ DE IR A POR ÉL.

Esta frase expresa que si te conformas y dejas que tus sueños sigan siendo sueños para siempre, no lograrás ser feliz. Sin embargo, si deseas, por el contrario, luchar por lo que realmente deseas, cueste lo que cueste, te llevarás una vida plena y te sentirás satisfecho contigo mismo. ¡Es la mayor plenitud que podrás sentir!

Ahora tienes la edad adecuada para ser feliz y la energía justa para hacer de tu vida un sueño hecho realidad.

¿Qué cuantos años tengo?

Qué importa eso, la edad solo son números, tengo la edad que realmente siento. Picasso dijo "cuando se es joven, se es joven para toda la vida". Para poder ser nuestra mejor versión debemos tener motivación, la motivación es el combustible que le da energía y poder a tus metas y hace realidad todos tus sueños. Sin motivación incluso la cosa más simple se vuelve imposible, si tienes motivación empezarás a hacer realidad muchos de tus grandes sueños.

Ten claro que en tu vida ya hemos aparcado las excusas a un lado. Como ya te conté, el subconsciente tratara de limitarte, pero ahora ya estás empezando a entender cómo controlarlo, y con él tus emociones y acciones. Tú tienes que ser el responsable de tu vida y estar dispuesto a hacer lo que te has propuesto hacer. Sabes que has venido a brillar como un diamante y es el momento de demostrarlo.

Nada cambiará si tú no cambias, no te quedes sentando esperando un milagro, solo conseguirás ver la vida pasar sin hacer nada. Si te quedas en el sillón de tu casa estarás muy cómodo, pero si sales de tu zona de confort es entonces cuando empezaras a vivir tus sueños.

Hay infinidad de cosas maravillosas ahí a fuera y muchísimas cosas por descubrir y que podemos hacer. No llegues a viejo lamentándote de lo que habías podido hacer y no has hecho. Vida solo hay una y debemos ir a por todas y nunca jamás permitas que nadie te haga sentir que no mereces conseguir lo que te propongas.

Debemos empezar amándonos a nosotros mismos más que a nadie en este mundo. **"La paz interior surge cuando uno aprende a amarse a sí mismo"**, una frase muy simple pero ideal para recordarnos a nosotros mismos y a los demás que solo seremos felices cuando nos aceptemos. A menudo intentamos complacer a los demás, incluso vivimos la vida de los demás y olvidamos que, en el fondo, solo nosotros podemos hacernos felices de verdad.

Debes repetirte a ti mismo y las veces que haga falta hasta que estés ya convencido que

¡lo tengo todo para ser feliz ahora!

¡soy fuerte porque así lo he elegido!

¡hoy seré mejor que ayer!

¡lograré todo lo que me proponga!

¡lo más importante está delante de mí!

¡puedo lograr todo lo que deseo!

¡yo soy invencible!

Para sacar nuestra mejor versión y seguir prosperando debes desafiarte a ti mismo constantemente. Pero, ¿es posible aprender a desafiarnos personalmente?, ¿es cierto que podemos cumplir los retos que nos propongamos sean cuales sean?

En psicología se define la palabra "resiliencia" como ¡la capacidad individual para sobreponernos a periodos de dolor emocional y traumas variados', en otras palabras, el poder de soportar una situación por difícil que sea y aprender de ella.

La vida no es nada fácil, esa es una verdad indiscutible. Hay personas a las que les ha tocado o les toca pasar por unas situaciones sumamente devastadoras. Sin embargo, de alguna parte de su ser, algunas personas logran sacar la fuerza necesaria para ponerse en pie y avanzar a pesar de las adversidades, eso es lo que se le conoce como resiliencia. Es una cualidad que todos tenemos en nosotros, solo debemos sacarla de dentro de nosotros mismos o despertarla.

Un ejemplo curioso en un cuento que todos creo que conocemos: *Patito feo*, pero visto de otro modo.

El protagonista fue, desde que nació, menospreciado por su madre quien le comparó con el resto de sus hijos por su presunta fealdad. Este rechazo continuó con los hermanos que también se burlaron de él. Ese fue el detonante para que nuestro protagonista se fuera pensando "¡nadie me quiere! ¡qué culpa tengo yo de ser feo!".

A pesar de que estuvo solo caminando todo el invierno, los animales con los que se cruzaba le rechazaban por su forma de andar. Hasta que una anciana lo recogió, pero como el patito feo no ponía huevos, la anciana lo echó de casa.

Nos encontramos, de nuevo, a un protagonista que vive en un abandono emocional y la tristeza.

Al cabo de un cierto tiempo el patito va a un lago. Ve nadar a unos cisnes y se mira en el agua, dándose cuenta de que él era un cisne. Aquí es donde termina el cuento, como siempre, con final feliz.

Pero ahora imagina que la historia continúa y es la de un cisne que ha pasado una infancia traumática, con rechazo por parte de su madre y hermanos y con un alto sentimiento de abandono emocional. Posteriormente, el patito vive la soledad, así como la decepción puesto que la anciana solo le quería por interés. Todo esto potencia los miedos infantiles que se reviven en el momento de integrarse con los de su especie. Pero es entonces cuando el patito feo-cisne logra darse cuenta de su situación y desea hacer el cambio. Con el cambio logrará superar sus miedos y coger la confianza en sí mismo y así poder integrarse con el grupo de cisnes que es donde desea estar realmente.

En el fondo todos sabemos que valemos mucho, pero es nuestro entorno y la manera que tenemos de tomarnos las cosas lo que nos convierte en lo que somos a día de hoy. Si eres una persona sumisa y depresiva es porque en algún momento tú lo has permitido. Y estoy seguro que si estás leyendo este libro es porque deseas hacerte de nuevo con tu verdadera esencia y brillar más que nunca, y para aprender lecciones que te permitan convertirte en un alma completa y feliz, ¿me equivoco?

Por eso estamos sacando tu mejor versión, debemos ser crítico-constructivos con nosotros mismos. Nadie te conoce más que tú mismo y solo desde tu interior podrás cambiar tu exterior. Aprende a no tomarte las cosas como algo personal, lo que digan algunas personas sobre ti es un reflejo de su realidad, no de la tuya, es un reflejo de su carácter no del tuyo.

Como ya te he dicho anteriormente, si quieres algo que nunca has tenido, primero debes hacer algo que nunca has hecho, ¿estás dispuesto a sacar tu mejor versión?

Aprende a ser quien realmente eres.

Cada uno de nosotros tenemos unas capacidades diferentes que nos distinguen de los demás. Trata de conocerte a ti mismo y de sentirte orgulloso de lo que eres en vez de tratar de ser lo que los demás quieren que seas.

**"Sé cómo tú eres,
de manera que puedas ver
quién eres y cómo eres.
Deja por unos momentos
lo que debes hacer y descubre
lo que realmente haces.
Arriesga un poco si puedes,**

**siente tus propios sentimientos
di tus propias palabras,
piensa tus propios pensamientos.
Sé tu propio ser, descubre.
Deja que el plan para ti
surja dentro de ti".**

Fritz Perls

Está claro que todos tenemos algo que nos hace únicos en el mundo y tenemos algo especial, solo debemos ser nuestra mejor versión y enfocarnos a un claro objetivo, buscar donde quieres llegar o que quieres hacer en la vida. Si un hombre tiene un claro objetivo en la vida, la gente no tendrá más remedio que hacerle paso y dejarlo pasar.

La cuestión está en si estás dispuesto a poner en práctica todo lo que te ido contando hasta ahora. ¿Te vas a conformar con lo que tienes a pesar de que no te gusta?

"EL QUE APRENDE Y APRENDE Y NO PRACTICA LO QUE SABE ES COMO EL QUE ARA Y ARA Y NO SIEMBRA".

Platón

El tiempo pasa rápido, muy rápido, como decía Leo Pavoni "el tiempo pasa muy rápido para estar perdiéndolo en cosas sin sentido ni valor que no aportan nada bueno al corazón y, por eso, hoy vivo feliz siendo ciento por ciento yo. No sabemos lo que nos depara la vida ni el tiempo que nos resta".

"EL PROBLEMA DE LA HUMANIDAD ES QUE SE CREE QUE TIENE TIEMPO".

Buda

La vida cada día te regala veinticuatro horas para que las inviertas en lo que tú quieras invertirlas. No se trata de tener tiempo, se trata de sacar el tiempo, dedícale tiempo a lo que a ti te haga más feliz. No puedes pasarte la vida viendo pasar los días sin aprovecharlos. Te has fijado que cuando eres feliz las horas pasan y no te das ni cuenta, siempre los buenos momentos te hacen disfrutar tanto que te olvidas del reloj y de todas las preocupaciones, ¿por qué no vivir así el resto de nuestra vida? Si trabajas en lo que te gusta es como no trabajar nunca, si realmente alcanzaras tu propósito de vida y trabajaras en lo que realmente te gusta, es decir, algo que te apasione realmente, tu sueño, ¿no sería la mayor bendición que podrías tener?

Es hora de buscar el futuro que tú quieres encontrar, ¡has venido a brillar, no a conformarte!

Deja atrás ya tu pasado, el pasado ya pasó. Ahora es el momento de luchar por tus sueños y si aplicas todo lo que estás aprendiendo, sabes que puedes conseguirlo. La diferencia entre el que consigue su sueño y el que no lo logra es que el primero ha luchado de verdad por conseguirlo.

¿Si a ti te dicen ahora mismo que un ser muy querido necesita un millón de euros para curarse o morir, te verías capaz de lograrlo? Sí, ¿verdad? harías todo lo que estuviera en tus manos, sacarías fuerzas de donde no creías que tenías y sabes que lo lograrías. No sabes cómo, pero buscarías la solución porque en tu mente solo entraría el pensar que deseas un millón para curar a ese ser que tanto quieres. Le estarías dando un mensaje claro a tu mente, tu subconsciente ya no te limitaría. Luchar por tu sueño es algo parecido, si realmente tienes la necesidad de hacer este cambio en tu vida y estás dispuesto a luchar por conseguirlo, sabes que lo lograrás.

"No estanques tus pensamientos en lo que fue o no fue, alimenta tus pensamientos de todo lo bueno que te rodea y agradece por todo lo que tienes. Sé agradecido y el universo te lo recompensará".

Leo Pavoni

YA NO MÁS EXCUSAS

Se conoce como "excusa" 'el acto y resultado de excusar', es decir, 'enumerar razones o causas para despojarse de eventuales culpas por no tener ganas de hacer algo, liberarte de una obligación o responsabilidad'.

QUE TU META DE HOY SEA GANARLE A TU MEJOR EXCUSA.

Yo también diría que una excusa es la voz de tu limitación subconsciente, algo que no te deja avanzar o prosperar. Debes aparcar ya las excusas y todas las limitaciones porque con ello no ganarás nada positivo. Si no tienes ganas de hacer algo, no lo hagas, pero no pongas excusas. Simplemente di "no", y si te apetece hacer algo y tu mente te limita para ello, el "no" debe ser aún más grande. Simplemente hazlo, a veces por la vida frenética que llevamos nos privamos de hacer cosas y decimos "ya lo haré mañana". El mañana es incierto, lo que es cierto es que si hoy puedes, hazlo.

Empieza mientras otros dan excusas, trabaja mientras otros solo desean, sigue mientras otros renuncian.

Vamos a seguir sacando la mejor versión de nosotros mismos, arréglate para ti, no para una ocasión, vuélvete un partidazo. Cuida tu imagen, tu alimentación, haz ejercicio, son la suma de las pequeñas cosas las que te harán sentir muchísimo mejor. Nos pasamos gran parte del día, por lo general, cuidando o ayudando a nuestro entorno, nuestra familia, trabajo. ¡Pero hay una persona de quién tal vez no cuides adecuadamente! Sí, correcto, ¡tú mismo!

A menudo la responsabilidad de cuidar a otra persona tiene prioridad. Si te sientes bien, con energía y seguro, las personas de las que cuidas también se beneficiaran.

¿Por qué te saltas comidas con "el no tengo tiempo"?, ¿dejarías a tus hijos sin comer porque no tienes tiempo? no, ¿verdad? Pues es lo que te digo siempre, cuídate a ti mismo como una madre cuidaría de su hijo. Sé la clase de persona que todos desearían ser o con la que todo el mundo desearía estar. Todos tenemos algún ejemplo a seguir, alguien al que admiramos, ser inspirados constantemente por alguna persona o causa que admiramos puede ayudarnos a superar obstáculos y adquirir estrategias para alcanzar lo que planeamos.

Seguramente hoy no estás en el lugar que desearías estar, o tengas reacciones que no quieres más en tu personalidad. Esto significa que estás en un proceso de crecimiento y eso es algo muy positivo.

Una de las maneras en la que puedes estar constantemente inspirado, es ver las cosas desde la perspectiva de esos ejemplos a seguir. Que, quizás en tu misma situación, lograron salir adelante y. en este caso, podemos pensar no solo en personas reconocidas, también podemos pensar en personas muy cercanas que admiramos mucho. Es importante tener un punto de referencia, pues sí o sí llegarán dudas, momentos de confusión o de temor, es normal, pero poder contrastar esto con la experiencia de otra persona o cierta información, ayuda mucho.

Puedes buscar personas que tengan resultados similares a los que estás buscando en tu vida, o buscar personas que hayan pasado las mismas dificultades que tú estás pasando para saber cómo lo superaron. Puedes buscar historias de vida inspiradoras que simplemente te motiven mucho y te inspiren a actuar. A veces puede parecer difícil permanecer inspirado o motivado, pero siempre hay alguien o algo que te pueda motivar para que te sea más fácil alcanzar tus sueños.

"Únete a los que jamás dijeron:
Se acabó, aquí me detengo.
Porque así como al invierno le sigue la primavera, nada termina:
Después de alcanzar tu objetivo hay que comenzar de nuevo
empleando en todo momento
lo que aprendiste en el camino".

Pablo Coelho

La peor tragedia de la vida no es la muerte, es vivir sin un propósito. Si ya tienes claro dónde vas y quién quieres ser, ya nada te detendrá y no permitas jamás, en ninguna circunstancia, que esto ocurra. Si realmente tienes un sueño, sé persistente igual que la gota de agua que perfora la roca, no por su fuerza, sino por su constancia.

Ya hemos hablado anteriormente que la clave está en cuando tengas la meta clara mejorar un 1 % a diario, ¿sabes lo que esto significa? que en un mes, treinta días, ya habrás logrado un 30 %. ¿¿¿Y en un año???

Imagínate con un simple gesto de mejorar tan solo este 1 % tu día a día donde te puede llevar. ¿Eres ya consiente de lo que puedes llegar a conseguir?

Todas las pautas que te hecho reflexionar hasta ahora son para que tú tengas un equilibrio en tu cuerpo mente y alma. Así, del mismo modo. podrás ser esa persona que deseas ser desde hace muchos años y que algún día fuiste, pero la vida te ha ido cambiando. Si lo piensas detenidamente y te analizas a ti con quince años, como pensabas entonces, seguramente te darás cuenta que tenías muchos menos miedos y limitaciones. Por tanto, ¿qué ha cambiado?

Seguramente que algunas personas te han puesto alguna limitación en tu cabeza. Cuando alguien te diga que algo no se puede hacer, recuerda siempre que está hablando de sus limitaciones, no de las tuyas y así ha sido desde que eras pequeño. Cada vez que te digan que algo no puede ser, pregúntate a ti mismo "por qué no? Si en esta vida alguien lo ha logrado ¿por qué yo no?". En el universo hay de todo para todos.

Ahora te diré una frase clave para alcanzar tus sueños. A partir de ahora, siempre que tengas algo importante como un examen, una cita médica, cualquier cosa que quieras que salga bien, antes de entrar donde sea, y unos días antes, quiero que pronuncies estas palabras con el corazón:

EL UNIVERSO ENTERO CONSPIRA A MI FAVOR

No te pido que te lo creas, quiero que lo compruebes. El universo entero siempre conspira a tu favor, lo que emites recibes. Si lo dices con convicción, el universo no tendrá más remedio que dártelo, y dilo con alta intensidad emocional.

Hasta el día de hoy a lo mejor no conocías muchas de estas cosas, ni de cómo hacer el cambio que necesitas en tu vida, pero ahora ya no más excusas, tienes el conocimiento el tiempo y las ganas para lograrlo, ¿vas a sacar tu mejor versión?

CONECTA CON TU FUENTE DE ENERGIA

CONECTA CON TU FUENTE DE ENERGÍA

Desde los siete años conecto de manera más consciente con mi fuente de energía.

Yo estaba asombrado viéndome a mí mismo hablar a algo que no podía ver, pero de lo que obtenía unos grandes resultados, ya que en el momento que pedía algo, en poco espacio de tiempo, lo obtenía. Para mí era increíble.

Con el paso de los años he ido mejorando esa técnica, logrando conectarme de una manera más fluida y mucho más rápida. Aun me produce, a día de hoy. una gran emoción poder contar mi técnica a todo el mundo para que todo el mundo pueda obtener los mismos resultados.

En el momento que entendí las siete leyes universales que rigen el universo, entendí como perfeccionar mi técnica. Y poder hacer así realidad mi sueño, que es poder compartir esta técnica con todo el mundo y lograr ayudar a cuanta más gente mejor. Es lo que realmente a mí me produce felicidad, es decir, es mi propósito de vida, y lo he tenido claro desde que nací.

He tenido que esperar muchos años para poder contarlo, ya que, de joven, nadie me creería y me tomarían por loco. Ahora ya soy mayor y aun así sé que muchas personas me toman por loco, pero no me importa, ya que la gente obtiene resultados con mi técnica e incluso los más incrédulos que deciden probar, les funciona. Estoy demostrando que algo increíble es cierto y eso me produce aún más ganas de seguir en este camino y ayudando a más gente. La verdad es que me siento orgulloso de ello porque estoy ayudando a que gente como tú, que han comprado mi libro o han realizado alguno de mis cursos transformadores, logren su sueño.

En el momento que empieces a conectar con tu fuente de energía será el momento en el que se alineen tu alma y mente. Por eso te he contado todo lo necesario antes de aprender a conectarte con tu fuente de energía, ya que todo es un proceso y estar bien con uno mismo y aprender a vibrar alto es una de las claves para lograr obtener los éxitos que estás buscando.

A tu fuente de energía le puedes pedir algo material, como algo personal, un amor perfecto o lo que tú desees. Recuerda que lo que está en tu mente está en tu vida y será una realidad.

Puede que te resulte más fácil atraer a tu vida cosas materiales o por el contrario te resulte más fácil atraer cosas personales que cosas materiales. Esto puede ocurrir porque tengas algún tipo de limitación en tu subconsciente, pero no te preocupes, porque en el momento que las vayas afrontando, verás como de manera mucho más rápida te llegarán las cosas. Si mis palabras te ponen incómodo, te invito a que afrontes todas las palabras que te incomodan porque puede que sean la llave para conseguir tus sueños o propósitos.

Este libro lo he escrito para que puedas transformar tu vida y espero que te sea de gran utilidad para lograr ser esa persona que has venido a ser. Recuerda que has venido para brillar como un diamante.

En el momento en el que conectes con tu fuente de energía pueden pasarte varias cosas:

Puede que te cueste que te lleguen los objetos o que no logres con éxito atraer estas situaciones con alguna persona. También puede que te llegue todo, si te llega todo es porque realmente eres feliz, eres ese tipo de personas que lleva la alegría en su interior de forma innata. ¡Sí! vibrar en felicidad es la llave de la puerta para que todo funcione, para conectar con tu fuente de energía, tienes que estar siete días como mínimo en buena vibración y feliz.

En el momento que quieras conectar con tu fuente de energía y te prepares para ello. Es un momento muy importante, te pido que te lo tomes muy en serio porque es en el momento que tu alma y tu mente se alinearán con tu fuente de energía y tiene que ser un momento especial para ti. Por esto te digo que debes tomártelo muy en serio si quieres lograr resultados.

Aquí ahora es donde ya entra una de las siete leyes universales, que es la ley del ritmo, por muchas personas también conocida como la ley del péndulo. Con esa ley debemos tener muy claro el grado de felicidad que tengamos, ya que si tienes una felicidad extrema, tú vas a creer que irás muy bien, pero no será así, ya que esta ley te llevará al otro lado del péndulo, de la extrema felicidad a la infelicidad en muy poco espacio de tiempo. Por eso es muy importante el conocimiento de las leyes universales, para poder comprender mucho mejor todo lo que te estoy contando ahora.

Pues sí, como ya te he contado anteriormente, es muy fácil cambiar nuestro estado si estamos en equilibrio y vamos por el camino del medio.

Seguro que has visto a personas que son realmente muy, muy felices, personas que siempre están en un alto estado de vibración, pero estas mismas personas, la mayoría, en casa son las personas más tristes del mundo y las que tienen más altos y bajos. Les cuesta muchísimo tener un equilibrio con su alma y mente.

Precisamente es por eso que tenemos que tener muy clara la ley del ritmo, sin el equilibrio no te será posible conectar de manera correcta con tu fuente de energía, pero si te propones mantener un buen equilibrio interior lo vas a lograr.

A continuación intentaremos hacer un anclaje emocional para poder conseguir más rápido nuestro objetivo. Tendrás que buscar entre tus recuerdos más bonitos, el más bonito que has vivido en tu vida, un día o un momento que te lleve a un gran estado de felicidad. E intentar revivirlo y transportarte en aquel estado, el estado de emoción y de alegría. Recuérdalo muy bien porque lo tendrás que usar cuando le pidas lo que deseas a tu fuente de energía.

Una vez tengas clara la ley del ritmo y el anclaje, el siguiente paso será el momento, el momento perfecto para poderlo utilizar. Para poder conectarte bien a tu fuente de energía el mejor momento es cuando te vas a dormir. Es en el instante en el que ya estás más relajado y ya un poco adormilado, y en el momento de despertarnos por la mañana. Te preguntarás ¿por qué justo es en este instante?

Tiene una respuesta muy sencilla, es en este instante cuando tú te pones en modo alfa ¿qué significa modo alfa?

El estado Alfa es el mejor momento para aprender y grabar nueva información en el subconsciente.

Es por ello que el mejor momento para realizar nuestras visualizaciones es justo antes y después de dormir, porque es cuando se pasa por el estado Alfa. Así, las imágenes mentales que visualicemos penetran en nuestro subconsciente permitiendo que se manifiesten con mayor facilidad.

En estado Alfa algunos de los efectos que percibimos son:

* Placentera experiencia de descanso
* Ausencia de ansiedad y tensión
* Concentración sin esfuerzo
* Incremento de la creatividad
* Puede captarse información que no es accesible a través de los órganos de la percepción

* Mayor capacidad y claridad para resolver nuestros problemas

* Se puede influir sobre funciones autónomas como el ritmo cardíaco, la circulación sanguínea, el umbral del dolor-placer, la función digestiva, la transpiración, la temperatura corporal, etc.

En el momento que alma y mente están conectadas con tu fuente de energía, tu fuente de energía se conecta con el universo, obteniendo como resultado que el universo te dará lo que le pidas.

Cuando estés en modo alfa, pues es el mejor momento para pedirle lo que quieras a tu fuente de energía, justo cuando estés en ese momento debes imaginarte una silueta frente a ti de color blanco muy brillante. En cuando la visualices debes contarle lo que te iría muy bien tener, te aconsejo que para empezar sean objetos pequeños, algo que no tengas en casa pero que no supongan una limitación para ir cogiendo la fe y practicar, por ejemplo, un bolígrafo de color rosa o cosas similares.

La segunda cosa que le pidas ya pasaría a ser algo más grande y el tercero, algo más todavía. Si empiezas a lo grande puede que las cosas no te lleguen, ya que tu subconsciente pensará que no es verdad y te acabarás limitando a ti mismo. Al empezar por algo pequeño estás abriendo tu mente y adquiriendo firmemente estos principios, porque si lo haces como te digo, verás que si funciona.

Cuando visualizas que estás delante de tu fuente de energía, pensarás en el objeto o situación que tú deseas. Cuando ya tengas claro lo que quieres, tendrás que hacer unos ejercicios muy fáciles, que serán los siguientes: piensa en el objeto o en la situación que quieres, es el momento de mandar unas ondas del objeto que queremos a nuestra fuente de energía; pensaremos siete veces en el objeto en intervalos de dos segundos cada vez y entre intervalo de una imagen y otra tienes que pensar como si estuvieras delante de un interruptor, y cuando tú lo conectas tu fuente de energía puede ver el objeto y cuando tú lo desconectas, no lo puede ver. También lo puedes hacer con tu propia técnica que podría ser como si tú le muestras el objeto que quieres y rápidamente lo escondes detrás de tu espalda como si estuvieras jugando con tu fuente; después de hacerlo siete veces, solo tendrás que decirle o enseñarle de manera mental o en fotografía lo que quieres, pidiéndole de esta manera o de la manera que te sea más cómodo para ti, la manera que lo pido yo desde pequeño es así, ME IRÍA MUY BIEN, a continuación le digo el objeto que quiero y le mando la imagen del objeto mentalmente aunque también podría mirar una fotografía de lo que deseo.

PUEDES MODIFICAR EL "ME IRÍA MUY BIEN" ADAPTADO A TU MANERA DE HABLAR, DEPENDE DEL PAÍS QUE SEAS, O SI NO TE SIENTES MUY CÓMODO DICIENDO ESTAS PALABRAS

A continuación tienes que decirle a tu fuente de energía a cuántas personas favorecerá el objeto o situación que tú estás deseando. RECUERDA QUE A CUANTAS MÁS PERSONAS FAVOREZCA, MÁS RÁPIDO TE LLEGARÁ TU OBJETO O SITUACIÓN; A continuación tienes que poner tus manos frente de tu fuente de energía para agarrar la energía de tu objeto o de tu situación, y llevándola hacia tu cuerpo, entrando esa energía en cada poro de tu piel, logrando que ya tienes el objeto o situación en modo de energía dentro de ti.

EN ESTE MISMO MOMENTO QUE TÚ SIENTES QUE TIENES LA ENERGÍA DE LO QUE TÚ DESEAS, TIENES QUE DECIRLE A TU FUENTE DE ENERGÍA "GRACIAS, GRACIAS, GRACIAS".

Sé agradecido del gran milagro que te llegó y el universo te lo dará lo más rápido que puedas, ya que tú eres el hijo mimado del universo. Recuerda que tu padre es el universo y está deseando darte todo lo que le pidas, pero para que te llegue más rápido, tienes que conectar con tu fuente de energía.

Tu fuente de energía está compuesta de tus seres más queridos que ya no están en este plano físico, que pueden ser tu mamá, tu papá, un hermano, tu tío, tu tía, es decir, el ser más querido que tú has tenido en algún momento de tu vida.

Quiero que te pongas en la piel de tu fuente de energía ahora mismo, piensa como si fueras parte de la fuente de energía de tu hijo hija, o de un ser querido,

¿lo tienes?

Digamos que tú ahora estás en el plano no físico, o sea, dejaste este mundo porque ya no podías hacer nada más en él, y tu ser más querido, que está en el plano físico, te pide con mucha fe, algo que le puede mejorar su vida.

¿Cuánto crees que tardarías para ponerte en contacto con el universo y mover la energía que haga falta para que él o ella pida tener lo que estás pidiendo?

Yo cuando sea la fuente de energía de mis hijas, en el mismo momento que me pidan las cosas, yo volaré para que tengan sus objetos o situaciones lo más rápido que pueda, y así sabrán que su papa estará siempre con ellas, por toda su vida. Y yo siempre estaré agradecido de poder ayudarlas para siempre.

Si cumples con lo que te cuento, te aseguro que en muy poco tendrás resultados increíbles. Y si has practicado por Facebook, YouTube o haciendo alguno de mis cursos conmigo a lo largo de este tiempo, puede que ya hayas podido comprobar que funciona, y has podido ya conseguir materializar algunas cosas. Pero ten claro que tu subconsciente aún no se creerá lo que está pasando en tu vida ya que, por él, tú estás en un mundo normal ahora mismo, y que esto que estás haciendo es una locura y te dirá, sobre todo por las mañanas, ¡que estás loco! que no te lo creas ¡qué esto es mentida!

Pero tú tienes que gritar fuerte y decirle a tu subconsciente que cuando esté preparado, que se ponga en contacto contigo, ya que se está confundiendo y engañado desde hace muchos años.

Desde que somos pequeños que nos intentan limitar para que cada uno de nosotros seamos de una forma concreta y siguiendo unos mismos patrones, esto no lo podemos permitir, se lo debemos a nuestros antepasados, a nuestros hijos y a todos los que vendrán.

Debemos contar y practicar esta técnica para que todos puedan tener una vida de éxitos.

Llegó el momento de prepararnos para eliminar creencias viejas, ya que si no te las quitas de tu subconsciente, no podrá llegar nada de nada. Tu subconsciente intentará que permanezcas en tu zona de confort.

Piensa en esta historia que te contare ahora.

Taza de té

El profesor llegó a la casa del maestro zen y se presentó haciendo alarde de todos los títulos que había conseguido en sus largos años de estudio. Después, el profesor comentó el motivo de su visita, que no era otro que conocer los secretos de la sabiduría zen.

En lugar de darle explicaciones, el maestro le invitó a sentarse y le sirvió una taza de té. Cuando la taza rebosó, el sabio, aparentemente distraído, siguió vertiendo la infusión de manera que el líquido se derramaba por la mesa.

El profesor no pudo evitar llamarle la atención: "la taza está llena, ya no cabe más té", le advirtió.

El maestro dejó la tetera a un lado para afirmar: "Usted es como esta taza, llegó colmado de opiniones y prejuicios. A menos que su taza esté vacía, no podrá aprender nada".

Este microrelato budista nos enseña que con una mente llena de prejuicios es imposible aprender y tomar en consideración nuevas creencias. Es necesario "vaciarnos" de viejos preceptos y estar abiertos a nuevas enseñanzas.

Con esta historia te quiero decir que, si no te centras en tu objetivo y no eliminas viejas creencias, no te llegará nada de bueno y no te servirá de nada en lo que estás deseando. Ya que, tendrás pensamientos muy buenos, pero tendrás algo en tu cabeza que siempre te dirá que tú no eres capaz de conseguir nada y, mucho menos, que puedas conectar con tu fuente de energía.

Podrás hacer dos cosas, la primera es que te quedes en el sofá de tu casa pensando que tú no puedes y escuchando a tu subconsciente, limitándote hasta el día de tu muerte. Estoy seguro que esto no es lo que no quieres. O podrás hacer la segunda, limpiar tu subconsciente y luchar por tus metas y por consecuencia cumplir tus sueños.

Si has leído hasta aquí creo que ya vas tomando conciencia de todo tu potencial, pero aun no imaginas de todo lo que puedes llegar a conseguir. Debo decirte que eres invencible y has venido en este mundo a brillar como un diamante. Debo decirte también que eres capaz de lograr todo lo que te propongas, pero nada es gratis, debes invertir en ti mismo cambiando y superándote a diario. Si aún no tienes el planificador, cómpralo, veras que con él te resultará mucho más fácil, ya que tienes muy bien especificado todo para que te sea muy sencillo ir subiendo de nivel, superarte a diario y alcanzar lo que te propongas con él. Recuerda que la gente exitosa siempre planean su día a día antes de acostarse para poder sacar el máximo de rendimiento de ellos mismos.

No esperes más, planifica ahora mismo hasta dónde quieres

llegar. ¡Sigue los pasos y verás cómo tu vida cambia!

¡"Si tú no trabajas por tus sueños, alguien te contratará para que trabajes por los suyos".

Steve Jobs

Si no estás dispuesto a luchar por tus logros, tendrás que pasarte la vida luchando por los logros de otra persona. Es ahora el momento de **decidir qué es lo que tú quieres para ti**, piensa que conformarse y dejar de insistir es como ver a alguien ahogándose y dejarlo morir.

El conformismo no es más que el carcelero de la libertad, el enemigo del crecimiento.

Estoy seguro que si estás planeando conformarte con ser menos de todo lo que tú eres capaz de ser, es posible que termines viviendo infeliz el resto de tus días.

Como ya te he dicho anteriormente, la responsabilidad de tu felicidad es solo tuya, y la única persona que te puede ayudar en esta vida dándolo todo por ti, eres **tú**.

"¡Dentro de tu ser tienes el gran poder de levantarte por encima de cualquier dificultad o situación y transformarte en la versión más fuerte, poderosa, invencible y brillante de tu ser!".

Ricard Sala

Tan solo me queda darte las gracias, las gracias más sinceras de todo mi corazón, por creer en mí y dejarme ser tu guía para sacar tu mejor versión. Por dejarme que te ayude a cumplir tus sueños y también te tengo que dar las gracias porque, creyendo en mí comprando este libro, me estás ayudando a cumplir mi propósito de vida, que es ayudar al mundo entero desde el mismo día en que nací. Gracias, gracias, gracias.

Si te he ayudado y quieres contribuir a ayudar a alguien que tú quieras, alguien que sea importante en tu vida, alguien que quieras que le mejore su vida, compra alguno de mis libros de **7 secretos** y se lo regalas con una dedicatoria hecha de corazón. Con este gesto ayudarás a que yo pueda ayudar a más personas, y tú también ayudarás a más gente a cambiar sus vidas y cumplir sus sueños. Por tanto, el universo te lo devolverá por multiplicado por mil.

También me gustaría mucho que compartas tu experiencia en las redes sociales, ya que ahora tenemos un proyecto en común tú y yo, que es el de ayudar a mejorar las vidas de las personas para hacer un mundo mejor.

GRACIAS, GRACIAS, GRACIAS.

Gracias por confiar en mí y en *7 secretos*.

Si te ha gustado este libro debo decirte que puedes seguir leyendo el segundo libro que he hecho para elevarte a un siguiente nivel, *EL DESPERTAR, VOLUMEN 2*. Sígueme en mis redes, ve mis videos en YouTube o realiza alguno de mis cursos más transformadores para ayudarte a alcanzar **tu felicidad.**

 7 secretos

 @7 secretos

 7 secretos

 www.7secretosricardsala.com

Si este libro te ha gustado y te ha ayudado a ver la vida de otro modo, te pido que escanees el código QR que te dejo aqui, para que valores y dejes en el un comentario positivo, así ayudamos a que más gente pueda tener la oportunidad de leerlo y poder elevar su vida a un siguiente nivel, muchas GRACIAS GRACIAS GRACIAS

www.ingramcontent.com/pod-product-compliance
Lightning Source LLC
Chambersburg PA
CBHW051044160426
43193CB00010B/1061